Mord mit Abschlusszeugnis

edition 2t_Buch

Bibliografische Information der Deutschen Nationalbibliothek: Die Deutsche Nationalbibliothek verzeichnet diese Publikation in der Deutschen Nationalbibliografie; detaillierte bibliografische Daten sind im Internet über http://dnb.dnb.de abrufbar.

1. Auflage 09/2021
Cover Illustration: pixabay
Coverartwork & Layout: www.blueidea.at

Verlag: *edition 2t_Buch*
Dominik Hartel Buch-, Kunst- und Musikalienverlag
A-3423 Wördern
ISBN Taschenbuch: 978-3-903273-09-2
ISBN E-Book: 978-3-903273-10-8

Lis Levell

Mord mit Abschlusszeugnis

Wissen ist Macht,
nichts wissen macht auch nichts.

Ein Kriminalroman

Zur Autorin

✗ Mehr als 200 deutsch- und englischsprachige Songtexte, veröffentlicht unter dem Pseudonym Lisa Donna-May
✗ Pädagogische Fachartikel
✗ Poetische Prosagedichte
✗ Heiter-ironische Kurzgeschichten und Szenen
✗ Solokabarett »Freiheit zum Dessert«
✗ Romane

www.lis-levell.com

Von Lis Levell lieferbar:
Ruck Zuck Kochen (Kochbuch) 2015
Erste Reihe Achterbahn (Lebens- und Liebesroman) 2018
Mord auf Krankenkasse (Lebens- und Kriminalroman) 2019
vitamin·reich & trink·fest (Lebens- und Liebesroman) 2020

Inhaltsverzeichnis

Anhang

Mord mit Abschlusszeugnis

Wissen ist Macht, nichts wissen macht auch nichts.

Die Personen und die Handlung des Romans sind frei erfunden. Etwaige Ähnlichkeiten mit tatsächlichen Begebenheiten, lebenden oder verstorbenen Personen wären rein zufällig.

Eine Übersetzung der lateinischen Zitate ist im Anhang zu finden.

Der Kommissar

»Fräulein Sedlacek, dieses Aktensammelsurium auf meinem Schreibtisch ist das reinste Chaos! Wer hat da zuletzt etwas gebraucht?«

»Das waren Sie, Chef, im Fall Strohmayer. Sie wollten sich die Verjährungsfristen seiner Straftaten nochmals genauer anschauen für den Termin beim Staatsanwalt. Irgendeine weitreichende Sache, bis hinauf ins Ministerium. Korruption, Schmiergeldzahlungen, Vorteilsannahme. Erinnern Sie sich? Gleich am nächsten Tag würden Sie den Stapel wieder in Ordnung bringen, haben Sie verkündet. Vor mehr als zwei Wochen übrigens. Und noch eines: Nennen Sie mich nicht immer ›Fräulein‹. Diese Anrede ist ungefähr so antiquiert wie der Anzug, in dem Sie für die Anstandsviertelstunde am Polizeiball erschienen sind. Haben Sie wirklich bei Ihrer Firmung schon dieselbe Figur gehabt?«

Nicole Sedlacek, die engagierte, knapp dreißigjährige Kriminalbeamtin, gluckste vor sich hin.

»Wie wünscht Gnädigste denn diesmal angesprochen zu werden? Euer Durchlaucht? Exzellenz? Hochwohlgeboren? Oder noch angemessener Durchlauchtin? Exzellenzia? Hochwohlgeborene?«

»*Frau* Sedlacek oder Nicole – das tät' vollkommen reichen. Zum Sebastian sagen Sie ja auch nicht *Burschi* Seiler!«

»Nein, eh nicht. Den ruf' ich ›Seiler‹. Und, wenn er mich nervt, ›Sie Intelligenzallergiker‹. Soll ich Sie mit ›Sedlacek‹ oder ›Sie Intelligenzallergikerin‹ anreden? Das wär' frauenfreundlicher?«

Es war nicht das erste und mit Sicherheit nicht das letzte Mal, dass ein Wortwechsel in dieser oder ähnlicher Form ablief.

Am Leiter der Mordkommission, Gernot Eckensperger, war bisher jede Form geschlechtergerechter Formulierung vorübergegangen wie ein Magersüchtiger an einem überladenen Buffet. In Kombination mit seiner notorisch drastischen Ausdrucksweise verlangte dies seinen Mitarbeiterinnen und Mitarbeitern unumstritten ein dickes Fell im täglichen Miteinander ab.

Andererseits wäre Nicole Sedlacek nicht nur maßlos überrascht, sondern sogar enttäuscht, würde ihr Vorgesetzter plötzlich gender- und emanzipationskonform vor sich hin granteln. Irgendetwas fehlte ihr bestimmt. Womöglich die Vertrautheit, die sich im Ritual ihres verbalen Schlagabtauschs zeigte? Kommentarlos jedoch, sozusagen als generationsbedingten Auffassungsunterschied, konnte und wollte sie sein ›Fräulein-Generve‹ auch nicht hinunterschlucken. Ihre beständige und nachdrückliche Gegenwehr war sie sich und ihren Artgenossinnen einfach schuldig.

Ein zaghaftes Klopfen an der Bürotür der Mordkommission brachte die entlastende Unterbrechung. Fast wäre es im geräuschvollen Abarbeiten des Papierstoßes, der sich auf dem Tisch des Hauptkommissars türmte, untergegangen. Aber die taffe Beamtin mit dem flotten Kurzhaarschnitt hatte nicht allein wache Augen, einen untrüglichen Instinkt für Ungereimtheiten und ein gesundes Selbstbewusstsein, sondern überdies feine, hellhörige Ohren. Die erforderte es an der Seite ihres polternden Dienstgebers ganz besonders.

»Es hat geklopft, Chef!«

Auf das barsche »Herein!« des Abteilungsleiters schob sich die blutjunge, zierliche Praktikantin zögerlich einen Schritt über die Schwelle.

»Entschuldigen Sie die Störung, aber …«

Weiter kam sie nicht. Der geübte Blick des Chefermittlers hatte den Zettel in ihrer Hand blitzartig als die Menü-Übersicht der kommenden Woche identifiziert.

»Ja, ja, ich weiß, ich muss noch meine geplanten Mittagessen in der Kantine für nächste Woche buchen. Ihr Ausdruck ist unnötig, das schau' ich mir auf dem Bildschirm an.«

»Deswegen störe ich nicht«, wandte die Auszubildende vorsichtig ein. »Da kam ein Anruf …«

Erneut wurde sie harsch unterbrochen.

»Ist mir hinlänglich bewusst. Die wollen mich schon seit zwei Wochen zum überfälligen Schießtraining verdonnern. Sagen Sie denen, ich melde mich in den nächsten Tagen. Verlässlich. Und vereinbaren Sie ja keinen Termin. Das mache ich und sonst niemand.«

»Es tut mir leid. Ich brauche …«

»Was denn noch? Eine Unterschrift? Wird für ein Geburtstagsfest gesammelt oder für den Weißen Ring? Geht eine Petitionsliste zur Rettung unterbezahlter Staatsdiener rum? Oder ist das Ihr Kündigungsschreiben? Unerklärlich, wie ich mir nichts, dir nichts in einer Rätselshow gelandet bin.«

Eckensperger schlichtete während seiner ungeduldigen Fragenflut verdrießlich den Aktenstapel auf seinem Schreibtisch.

»Nichts von alledem. Es geht … um einen Leichenfund, der … zuvor … gemeldet wurde.«

»Warum erwähnen Sie das nicht gleich, Sie … Sie … ach was, denken Sie sich selbst eine Bezeichnung aus. Eine, wegen der Sie nicht postwendend zur Mobbingberatungsstelle laufen und an der Sie trotzdem eine Zeit lang zu kauen haben.«

Der Mappenberg geriet bedrohlich ins Rutschen, Nicole eilte ihrem Chef zu Hilfe.

Der blaffte die junge Kraft weiter an: »Was soll in diesem Zusammenhang Ihr ›Ich brauche …‹?«

»Ich wollte sagen: Ich brauche nur eine halbe Minute Ihrer kostbaren Zeit. Hier auf der Rückseite der Speisekarte habe ich den Namen des Anrufers notiert, ebenso die Uhrzeit des Telefonats, die Adresse des Tatorts und den …«

»Ob der Fundort der Tatort ist, wird sich weisen. Her mit dem Wisch! Und das nächste Mal geben Sie sofort Bescheid, was Sache ist, damit wir nicht kostbare Zeit verlieren.«

»Eine echte Chance, das Wort zu ergreifen, hatte die Arme nicht wirklich, Chef«, meldete sich Nicole solidarisch zu Wort und nickte ihrer jungen Kollegin aufmunternd zu.

Gleichzeitig klopfte sie sorgsam den Unterlagenturm zurecht.

»Ach was«, wischte Eckensperger den Einwand gekonnt vom Tisch. »Kommen Sie lieber in die Gänge statt auf Mitleidsgedanken. Kappe aufsetzen, Einsatzjacke, Wagenschlüssel. Und ab geht's! … Wohin übrigens, Fräulein Hofstädter?«

»Ins Gymnasium, Chemielabor, um es präzise zu formulieren.«

»Also Rückertstraße, neben dem großen Sportplatz!«

»Nein, Herr Hauptkommissar, Klostergasse 12. Es handelt sich um das Stiftsgymnasium, das Thomasianum, wurde mir durchgegeben.«

Ein knapper Blick auf den Zettel, schon war der Ungeduldige über die ersten Angaben im Bilde und entwickelte sogleich eine blasphemische Theorie: »Na fein, jetzt im verlängerten Frühverkehr durch die ganze Stadt und die Serpentinen rauf zu den heiligen Brüdern. Da wird doch nicht die ewige Streitfrage zwischen Schöpfungsglaube und Evolutionstheorie ausgeartet sein und der Naturwissenschaftler den Kürzeren beziehungsweise den Zorn des Allmächtigen auf sich gezogen haben?«

Was Nicole neben all ihren zweifellos großartigen Fähigkeiten nicht aufzuweisen hatte, war ein robuster Magen. Den hätte sie allerdings bei den Einsatzfahrten ihres Vorgesetzten dringend benötigt.

»Mir wird schlecht, Chef! Müssen Sie so hart bremsen und die Kurven dermaßen rasant nehmen? Schließlich ist die Leiche tot und bei den Padres in besten Händen.«

»Eine Leiche ist immer tot, Fräulein Zizibee. Stellen Sie sich nicht so an, besser noch nehmen Sie einen Kaugummi. In der Pathologie werden Sie auch nicht grün im Gesicht. Ich will so rasch wie möglich vor Ort sein, bevor mir jemand die Fundstelle durcheinanderbringt oder etwaige Beweisstücke verschwinden lässt.«

»Es ist ja noch gar nicht geklärt, ob überhaupt ein Verbrechen vorliegt. Und der Geruch in unserer Gerichtsmedizin ist tausendmal erträglicher als Ihre ungestüme Fahrweise. Vorausschauend fahren! Wieso lassen Sie mich eigentlich nie ans Steuer?«

»Weil ich keine Überlandpartie mit beschaulichem Blick auf die Umgebung machen und nicht wegen jedem trippelnden Mütterchen anhalten will. Weil Sie außerdem rote Ampeln nicht wie ich als Empfehlung sehen und für jedes Viecherl bremsen. Reichen die paar Gründe?«

Nicole wechselte vorsichtshalber das Thema. Die überzogenen Argumente des rechthaberischen Lenkers zu widerlegen, schien ihr nicht ratsam.

»Männliche Leiche steht auf der Notiz von Kollegin Hofstädter? Ein Magister Simon Thanner, Professor am Privatgymnasium?«

»Ja! Egal, ob Unfall, plötzlicher Tod, Selbstmord, Körperverletzung mit Todesfolge, Totschlag oder Mord, die Spurensicherung ist bereits unterwegs, und ich bin nicht gern der Zweite am Tatort.«

»Fundort!«

»Eh klar, Fräulein Oberg'scheit. Soll ich mich jetzt auf die Feinheiten unseres Gesprächs oder den engen Straßenverlauf bei 70 Sachen am Tacho konzentrieren?«

»Fräulein ist nicht korrekt, Chef. Oder wollen Sie von mir mit ›Herrlein‹ angesprochen werden?«

Der Rest der Fahrt verlief in beredtem Schweigen.

Nicole überlegte, wieso sie ihren direkten Vorgesetzten trotz dessen Bärbeißigkeit ehrlich mochte. Vielleicht, weil er sich nicht verstellte, alle gleichermaßen unsanft behandelte und mit derselben Konsequenz, mit der er sich weigerte, emanzipatorisches Gedankengut anzunehmen, dem Verbrechen auf der Spur blieb?

»Einem Bullen kann man eben keinen Spitzentanz beibringen«, entschied sie belustigt. »Aber lernen kann man von ihm enorm viel, und ein Lob aus seinem Mund zählt doppelt und dreifach.«

Auf ihrem inneren Bildschirm erschien ein massiver Stier in zartrosa Ballett-Tutu mit hochaufgerichteten Hufen. Ein Gedanke, der ihr unwillkürlich ein Lächeln entlockte.

Eckensperger sah ihre verschmitzten Gesichtszüge bei einem kurzen Blick zur Seite und freute sich, dass seine blumigen Begründungen zur Klarstellung der Fahrer-Beifahrer-Situation sichtlich amüsierten.

»Sie ist echt in Ordnung«, diagnostizierte er für sich. »Keine Sumpfdotterblume, die bei jedem schärferen Wort einknickt. So eine könnte ich an meiner Seite gar nicht dulden. Flotte Auffassungsgabe, und mittlerweile schlägt sie mich mit meinen eigenen Waffen. Alle Achtung!«

Gemeinsam gaben sie ein tolles Gespann ab.

Beide eher mit robustem Körperbau gesegnet, er von seiner Veranlagung her, sie aufgrund ihres regelmäßigen Trainings im Fitnessstudio und Volleyballclub. Der Kommissar dazu mit passendem Fünf-Millimeter-Haarschnitt, seit er sich vor einigen Monaten von seinem kahlrasierten Schädel verabschiedet hatte. Den Kojak, dem er sich seit Jahrzehnten verbunden fühlte, kannte heutzutage kaum jemand mehr. Und Lollis hatte Eckensperger ohnehin verabscheut und sich stattdessen das Knabbern an Bleistift- und Kugelschreiberenden angewöhnt. Egal, ob er sich im Stress- oder Ruhemodus befand. Hatte etwas Entspannendes und zugleich den willkommenen Begleiteffekt, dass sich niemand seine Schreibgeräte ausborgen wollte, weshalb er diese stets vollzählig auf dem Schreibtisch vorfand.

An Nicole schätzte er die Zähigkeit im Verfolgen einer Fährte ebenso wie ihre unermüdlichen Bemühungen um die Kultivierung seiner Umgangsformen.

Hätte er eine Tochter gehabt, genauso hätte sie sein müssen: ungekünstelt, geradlinig, geerdet, praktisch gekleidet, ungeschminkt oder zumindest so dezent, dass es ihm als Unkundigen nicht auffiel, burschikose Frisur. Die einzelne, feuerrot gefärbte, längere Strähne ihres ansonsten brünetten Haarschopfs, die ihr manchmal in die Stirn fiel, konnte er getrost als liebenswerte Marotte durchgehen lassen. Sie störte sich im Gegenzug nicht an seiner abgetragenen Lederjacke, den aus der Form und Mode geratenen Jackets oder der Tatsache, dass er seine Hemden in weniger heißen oder hektischen Zeiten gern drei Tage hintereinander trug.

Die Jahre, in denen er gedankenlos in den Schrank greifen konnte, wo wie von Zauberhand täglich frisch gewaschene und gebügelte Hemden hingen, lagen weit zurück. Zwei Scheidungen reichten, hatte er beschlossen, sein Beruf war nicht kompatibel mit einer herkömmlichen festen Beziehung und er kein streichelweicher, anpassungswilliger Zeitgenosse. Über so viel Selbsterkenntnis verfügte er.

Umso angenehmer, eine derart taffe, belastungsfähige und unkomplizierte Verbündete in seinem Team zu haben.

Und was ihn betraf: Natürlich war er nicht einfach. Er war ja schließlich der Abenteuerurlaub unter den Männern, nicht die Seniorenkaffeekränzchenausflugsfahrtausgabe.

Und irgendwann bleib i dann dort

Am großen Tor zum Stiftshof wartete ein gemütlich aussehender Pater mit wohlgerundetem Bauch unter der schwarz-weißen Kutte. Sein aufgeregter Wortschwall passte indes wenig zu seinem behäbigen Äußeren.

»*Gott sei Dank,* dass sie endlich da sind. Es ist eine Katastrophe. Wenn sich das herumspricht … die Eltern … der Ruf unserer Institution … die Öffentlichkeit. Und unsere Schüler mit ihren Handys haben die Nachricht bereits hinausposaunt. Die ersten Journalisten rufen im Minutentakt an, eine Mutter hat ihre Zwillingssöhne abgeholt, und der Schulinspektor wird ebenfalls in Kürze auftauchen. Es ist schlichtweg eine Katastrophe. Fehlt lediglich …«

»Jeder unerwartete Todesfall ist eine Katastrophe«, schnitt ihm Eckensperger das Wort ab. »Führen Sie uns nun zur Leiche. Ihrem Gott können sie anschließend immer noch danken. Sie sind der Schulleiter?«

»Nein, bitte vielmals um Verzeihung, dass ich mich nicht vorgestellt habe, aber wir sind alle vollkommen durch den Wind, um es salopp auszudrücken. Ich bin Pater Eusebius, der Administrator der Schule. So etwas wie der Troubleshooter unserer Anstalt. Allerdings lässt sich keine Angelegenheit, die ich bislang zu bearbeiten hatte, mit der heutigen auch nur annähernd vergleichen. Es ist und bleibt eine Katastrophe. Ja, ja, contra vim mortis non est medicamen in hortis. Wollen Sie mir bitte folgen?«

Der besorgte Pater führte die beiden Ankömmlinge durch den Innenhof zum Eingang des Gymnasiums, dort über eine breite Treppe in den zweiten Stock, einen endlosen Gang entlang, der etliche Einzelstufen zum Ausgleich der Niveaus der aneinandergrenzenden Gebäudeteile aufwies.

Als hätte er Eckenspergers Gedanken erraten, erläuterte Pater Eusebius: »Das Kloster ist über einen Zeitraum von nahezu 400 Jahren errichtet, danach immer wieder erweitert und umgebaut worden, sodass sich verschieden hohe Fundamente und ein Konglomerat unterschiedlicher Bausubstanzen wie von allein ergaben. Es ist nicht leicht, sich hier zurechtzufinden. Unsere Schulneulinge verlaufen sich anfangs auch des Öfteren. So, bitte sehr, noch zwei Mal um die Ecke.«

Über eine neuerliche, schmälere Steintreppe gelangten sie in das ausgebaute Dachgeschoß des Westflügels. Mehrere Unterrichtsräume reihten sich aneinander.

»Hier ist unsere Oberstufe zu Hause. Da ist der Physiksaal, daneben die 8a, die einzige nicht-geisteswissenschaftliche Klasse auf dieser Schulstufe, und dort vorne der Chemiesaal. Den müssen wir durchqueren … und schon sind wir in unserem Labor für die Schülerinnen und Schüler, die den naturwissenschaftlichen Schwerpunkt gewählt haben. Vorsicht, da vorne direkt neben dem großen Pult mit den vielen Utensilien – sehen Sie selbst.«

Am Boden lag ein toter Mann in weißem Kittel mit verzerrten Gesichtszügen. Während Eckensperger den Leichnam in gebückter Haltung näher in Augenschein nahm, fragte er nach dem Team der Spurensicherung.

»Außer Ihnen ist noch niemand gekommen. Ich kann aber gern im Sekretariat nachfragen, ob die Gesuchten indessen eingetroffen sind.«

Der Pater, der diskret vom verblichenen Kollegen abgewandt stand, holte ein Smartphone der neuesten Serie und gehobenen Preisklasse aus der Seitentasche zwischen den Falten seines Habits hervor.

Noch bevor er die gewünschte Verbindung erhielt, waren nahende Schritte und undeutliches Gemurmel aus dem Chemiesaal zu vernehmen.

Keine halbe Minute später betrat der Gerichtsmediziner Doktor Weißenthal gemeinsam mit zwei jungen Männern der kriminaltechnischen Abteilung das Labor.

»Hallo Ecki«, grinste Willibald Weißenthal und stellte seinen Untersuchungskoffer auf einem der leeren Vorbereitungswagen ab. »Wo du bist, ist der Sensenmann nicht weit! Sooft ich dich sehe, hat jemand sein Ende gefunden. Ich hege die starke Vermutung, du bringst den Leuten kein Glück!«

Kein anderer durfte Eckensperger mit der i-Abkürzung nennen. Sogar in vertraulichem Tratsch über ihn, wurde von der verniedlichenden Kurzform ausschließlich hinter vorgehaltener Hand und mit einem scheuen Blick über die Schulter Gebrauch gemacht.

»Spar' dir deine Allegorien, Doktor, und die Anzüglichkeiten gleich dazu. *Deinen* Patienten geht es im Regelfall nach einer Behandlung auf deinem Tisch auch nicht besser als zuvor. Bestätige lieber meinen Erstverdacht: Tod durch Vergiftung, wie mir die Gesichtszüge, die Rötung um Mund und Nase des Toten, die feinen Blasen an seinen Lippen und die verfärbten Fingernägel verraten. Todeszeitpunkt vor 7:38 Uhr. Um diese Uhrzeit wurde der Notruf abgesetzt.«

»Warum lässt du mich überhaupt antanzen, wenn du sowieso alles zu durchschauen glaubst?«

»Du und tanzen! Das geht nicht einmal als stolpern durch! Selbstverständlich benötige ich deine toxikologische Expertise, dein Attest und vor allem deinen Befund, ob Fremdverschulden vorliegt. Außerdem wärst du sonst bedeutungslos, und das macht dich so unausgeglichen, sprich unausstehlich. Was erzählt der Leichnam also dem akademisch gebildeten Profi?«

»Im Moment ist er recht schweigsam, aber sobald ich ihn erst auf meinem Obduktionstisch liegen und gründlich untersucht habe, werde ich dir jede Menge Einzelheiten liefern können. Was den guten Umgangston angeht, werde ich ein paar Nachhilfestunden bei dir nehmen müssen! Haha, der war gut! … Moment! Reicht mir einer bitte eine größere Pinzette? Mir scheint, der Tote, wenn auch schweigsam, hat uns zumindest eine Nachricht hinterlassen.«

Geschickt zog der umsichtige Mediziner einen zusammengelegten Zettel aus der Brusttasche des Arbeitsmantels.

»Zuerst auffalten, danach ins Plastiksäckchen«, wies er einen der beiden Spurensicherer an, der kaugummikauend der Aufforderung nachkam.

»Und du, Ecki, du ungeduldiger Schnüffler, halte Abstand, bevor du mir hier deine DNA verteilst wie ein räudiger Hund seinen Flohzirkus«, rügte der Arzt den Ermittler, der ihm neugierig über die Schulter blickte. »Jetzt kannst du es lesen. Ist jedenfalls weder ein Abschieds- noch ein Liebesbrief.«

»Danke, Doktor. Klingt eher wie eine ausgewachsene Drohung. ›Ich weiß, wo Sie wohnen! Passen Sie auf sich auf! Ihr Hobby könnte Ihnen zum Verhängnis werden.‹ Sehr interessant. Ob das eine Warnung war, die der

Professor ignoriert hat? Ich muss mir sofort ›Hobby?‹ notieren. Nicole, übernehmen Sie dieses Beweisstück. Und stellen Sie sich auf eine Menge Vergleichsstudien mit Schriftproben aller Schüler und Lehrkräfte ein.«

»Irgendwie erinnert mich das Schriftbild an jemand«, grübelte die eifrige Beamtin. »Ich komm' bloß nicht drauf.«

»Immens hilfreich, Fräulein Gedächtnislücke. Und du, Willibald, hurtig, hurtig. Wann kann ich mit ersten Ergebnissen rechnen?«

»Falls eine Vergiftung zugrunde liegt, dauert es erfahrungsgemäß länger. In der Toxikologie geht gar nichts hurtig. Es sei denn, wir erfahren vom geschätzten Ermittlungsteam, nach welchen Substanzen wir konkret zu suchen haben.«

»Wir sollen demnach doch deinen Job erledigen? Das bisschen Abwechslung in deinem tristen Trott will ich dir nicht nehmen. Du rufst mich nach der Autopsie umgehend an? Wirklich rasch diesmal! Nachdem es sich hier um ein Nobelinstitut handelt, wird sich der Herr Polizeidirektor bald melden und unsinnig Druck verbreiten. Das erkenne ich am Zucken meines kleinen linken Fingers. Und deinen Bericht bitte möglichst in verständlichen Worten. Latein wird mich hier noch genug verfolgen. Was heißt übrigens ›Conter vim mortis non est medi-irgendwas‹?«

»*Contra* vim mortis non est medicamen in hortis, mein Lieber, heißt soviel wie ›Gegen den Tod ist kein Kraut gewachsen‹, was ich nach langjähriger Erfahrung und als ›akademisch gebildeter Profi‹ nur bestätigen kann. Ich wäre hiermit fertig. Ihr von der Kriminaltechnik könnt fotografieren, und dann nichts wie ab mit ihm in meine kühle Stube. Der Ecki hat's nämlich eilig wie immer.«

»Kunststück, ich muss mich ja schnurstracks auf die Fersen des Täters heften beziehungsweise – bevor eine Beschwerde meiner genderwütigen Mitarbeiterin kommt – der Täterin. *Dir* läuft so schnell niemand mehr davon.«

»Da hast du recht. Außer in diesem seltsamen Fall mit der Schiunfall-Leiche, die überhaupt keine war, sondern ein extrem starker Fall von Narkolepsie, dazu die kalte Witterung und ich ohne …«

»Weder Kopf noch Zeit für deine G'schichtln, Herr Medizinalrat. Ich hab' jetzt die näheren Umstände zu klären. Du weißt, das Übliche: Wann wurde der Professor zuletzt lebend gesehen, wer hat den Toten wann entdeckt, hatte er Feinde, war er verändert in letzter Zeit und so weiter und so weiter. Ach, wie mich das ermüdet, und es ist erst kurz vor 9:00 Uhr.«

»Echt schlimm! Und ich hab' keine Prise Mitleid zum Drüberstreuen dabei. Habt ihr eigentlich bereits einen Namen?«

»Selbstverfreilich! Wie sollten wir einander sonst ansprechen?«

»Einen Namen des Opfers, du Scherzbold. Der Zettel an seinem Zeh will schließlich angemessen beschriftet werden.«

»Zwei sogar, Willibald, zwei! … Einen Vor- *und* einen Nachnamen! Und als Bonus einen akademischen Grad.«

Der Kommissar wandte sich an Pater Eusebius, der seit längerem ungeduldig von einem Fuß auf den anderen wechselte und auf seinem Smartphone eingehende Nachrichten bearbeitete.

»Wer hat den Toten denn gefunden?«

»Bernd Holt, ein Schüler der Abschlussklasse. Keine große Leuchte und in Chemie Richtung ›Nicht genügend‹ unterwegs. Deshalb hat Professor Thanner ihn mit Beginn des Sommersemesters auch zu seinem Chemiehelfer ernannt. Um ihm ein wenig Begeisterung für das Fach zu vermitteln. Zuvor war Jasille Mercado y Castillo sein Adlatus, der Klassenbeste der 8a.«

»Jasille wie noch mal? Spanische Aristokratie?«

»Ganz im Gegenteil, Jasille Mercado y Castillo ist ein Filipino und einer unserer Stipendiaten seit sein Vater vor drei Jahren tragischerweise bei einem Arbeitsunfall ums Leben gekommen ist und sich seine Mutter als alleinerziehende Krankenschwester das Schulgeld nicht mehr leisten konnte. Jasille ist Vorzugsschüler von der ersten Klasse an und heimst jedes Jahr eine Medaille bei einem der landesweiten, naturwissenschaftlichen Bewerbe für unser Gymnasium ein. Er verdient diese Unterstützung von unserer Seite, weiß Gott.«

»Na, wenn es sonst keiner weiß!«

Den Arbeitsunfall des Vaters würde Eckensperger später sicherheitshalber hinterfragen, zunächst wollte er das Auffinden der Leiche klären.

»Und wo ist die Chemieleuchte jetzt? Nicht der Musterschüler, sondern der junge Mann, der seinen toten Lehrer entdeckt hat?«

»Entweder in der Direktion oder noch bei der Schulärztin. Die ist heute im Haus wegen der Zeckenimpfaktion, bevor die Ausflüge und Projektwochen im Freien anlaufen. Bernd hatte natürlich einen ordentlichen Schock. Er ist nach der schrecklichen Entdeckung zurück auf den Gang gelaufen und hat dort die Putzkolonne auf seinen Fund aufmerksam gemacht. Die Reinigungskräfte haben geistesgegenwärtig den Chemiesaal versperrt und den verstörten, jungen Mann zum Direktor gebracht.«

»Wohlan, dann machen Sie uns abermals den Pfadfinder, Pater, damit wir tatsächlich in der Direktion landen. Meine täglichen 10.000 Schritte hab' ich bald beisammen. Fräulein Sedlacek, bei Fuß! Wir ermitteln!«

Sei imma höflich

Vor der Tür zur Kanzlei empfing sie ein hagerer Mönch mit scharfgeschnittenen Gesichtszügen, leicht angegrautem Haar und einer Brille mit feinem Goldgestell. Obwohl er jünger als Pater Eusebius war, strahlte der Schulleiter eindrucksvolle Autorität und Souveränität aus.

»Pater Quirin, Direktor des Gymnasiums seit mittlerweile fast 16 Jahren«, stellte er sich vor. »Bitte kommen Sie in mein Büro. Schüler Holt harrt dort beaufsichtigt auf Ihre Befragung, und den Personalakt des Kollegen Thanner habe ich ebenfalls vorbereiten lassen. Darf ich Ihnen Kaffee oder Tee anbieten? Wasser sollte eingestellt sein. Stört Sie die Anwesenheit von Bruder Eusebius? Mir wäre daran gelegen, die Unterhaltung in seinem Beisein zu führen.«

Eckensperger war beeindruckt von der sachlichen und klugen Vorgangsweise.

»Einen doppelten Espresso für den Herrn Hauptkommissar, seine Begleitung nimmt nur Wasser. Für Eusebius und mich bitte den üblichen Grüntee, Frau Haenkel. Und bitte keine Anrufe durchstellen, solange ich im Gespräch bin. Danke vielmals«, orderte Pater Quirin durch die Verbindungstür ins nebenan liegende Sekretariat.

Bei ihrem Eintreten in die Direktion erhob sich eine grazile, dunkelhaarige Frau, die mit ihrem weißen Arbeitsmantel und dem Blutdruckmessgerät in der linken Hand spielend als die zuvor erwähnte Schulärztin erkannt werden konnte.

»Ich darf mich verabschieden und ins Arztzimmer zurückgehen, Herr Direktor? Dem ›Patienten‹ geht es den Umständen entsprechend. Sein Kreislauf ist stabil, ich habe ihm Wasser und ein Stück Traubenzucker gegeben. Seine Eltern sind noch nicht informiert. Er meinte, das sei nicht notwendig. Falls ich sonst nichts mehr tun kann? Meine Impflinge warten.«

Pater Quirin entließ die pflichtbewusste Kraft mit einem Wort des Danks und machte den Chefbeamten und dessen rechte Hand mit Bernd Holt aus der Abschlussklasse bekannt.

Der hatte sich offenbar von seinem Schock erholt, schien im Gegenteil die Aufmerksamkeit, die ihm zuteil wurde, zu genießen und beantwortete bereitwillig alle Fragen.

Er habe, wie jeden Dienstag, an dem in der ersten Stunde Chemie am Stundenplan stand, gegen 7:30 Uhr den Chemiesaal aufschließen wollen. Der Schlüssel war ihm nach gutem, altem Brauch zuvor vom Schulwart ausgehändigt worden. Überraschenderweise sei der Raum unversperrt gewesen, weshalb er annahm, sein Lehrer wäre bereits vor Ort. Den Schulrucksack habe er auf seinen Sitzplatz im Chemiesaal abgestellt, danach sei er weiter ins Labor gegangen, um dort laut der Liste, die ihm sein Chemieprofessor am Vortag gemailt hatte, das Angegebene für die heutigen Versuche im Unterricht vorzubereiten. Vor der Tür habe er »Guten Morgen, Professor Thanner« gerufen, jedoch weder eine Reaktion erhalten noch irgendwelche Geräusche gehört. Im Labor habe er dann die Leiche entdeckt und sei postwendend auf den Gang zurückgelaufen. Lebend gesehen habe er Magister Thanner zuletzt vor dem

Wochenende, am Freitag in der dritten Unterrichtsstunde sowie anschließend kurz unter vier Augen beim Versorgen der verwendeten Arbeitsmittel.

Nach diesen ersten Informationen wechselte der routinierte Ermittler von der sachlichen auf die personale Ebene.

»Was können Sie mir denn über Ihren Professor erzählen? War er beliebt, wer konnte gut mit ihm, wer weniger? Wie standen Sie zu ihm?«

»Weiß nicht«, war die prompte, höchst aufschlussreiche Antwort des Schülers.

Sichtlich hatte sich der darüber bislang kaum Gedanken gemacht. Tiramisu mochte er, Tiefschneeabfahrten bei Sonnenschein, Freistunden und das neueste iPhone. Gefühle hegte er für die rassige Verkäuferin im Eissalon, den semmelblonden Golden Retriever seiner Großmutter, den FC Barcelona und die nicht jugendfreien Videos, die er mit seinen Freunden austauschte.

Aber Emotionen in Bezug auf die Schule, seine Professorinnen und Professoren? Gewiss, es gab welche, die den Unterricht halbwegs spannend gestalten konnten, welche, die Mitgefühl zeigten und in intensiven Zeiten die Hausaufgabenmenge reduzierten, welche, die ihm reichlich sonderbar vorkamen, welche, wo er heilfroh war, sie in Kürze nie mehr sehen zu müssen. Generell jedoch nahm er seine Schultage als unabänderlich hin wie das Wetter, den Wechsel der Jahreszeiten oder das Speisenangebot der Schulküche.

Eckensperger seufzte.

Beim Anblick des durchtrainierten, muskelbepackten Körpers des Jünglings lag ihm die Frage »Sie leben wohl nach dem Motto *Bildung ist gut. Bizeps ist guter.*«

auf der Zunge. Seine Begleiterin kam ihm glücklicherweise zuvor.

»Nun, Sie werden doch sagen können, ob Ihnen Professor Thanner sympathisch war? Ob er gerecht oder tyrannisch agierte?«, half Nicole aus.

Eckensperger nickte ihr dankbar zu. Er hatte bereits zusätzliche süffisante, jedoch absolut nicht hilfreiche Fragen wie »Haben Sie den Kopf nur, damit es in Ihren Hals nicht hineinregnet?« oder »Entsinnen Sie sich zumindest, wie Sie heißen?« auf den Lippen.

Stockend begann Bernd: »Der war ziemlich ok, der Thanner. Gerecht, würde ich behaupten, das auf jeden Fall. Und streng zugleich. Er hat halt nicht verstanden, dass sich nicht jeder für Bio und Chemie interessiert. Dafür, dass es im Chemielabor meist gestunken hat, konnte er schließlich nichts. Die Alexa und der Fabian, die wie ich noch eine Prüfung für ein positives Abschlusszeugnis hinlegen müssen, schimpfen schon manchmal über ihn. Und der Schmucki ... will sagen Wolfgang Schmuckenschlager ... der ist sauer auf den Profax, weil ihm die Dreier in Bio und Chemie seinen Vorzug verpatzen. Der ist eben ein Streber der Sonderklasse, was soll's. Sonst war er ok, der Thanner. Ließ uns nicht sinnlos Passagen aus dem Buch ins Heft schreiben wie andere. Als ob man Texte, die mit der eigenen Klaue geschrieben sind, leichter lernen könnte? Megasinnlos, aber mich fragt ja keiner. Wenn er von seinen Reisen berichtet hat, konnte man sich vieles besser vorstellen. Da ist er richtig in Fahrt gekommen, der Thanner. Manchmal hat er uns Fotos von seinen Expeditionen gezeigt. Der hat echt gefährliche und seltene Tiere ganz nah erlebt, war im Regenwald und in mehreren Wüsten – die

Namen hab' ich mir nicht gemerkt – und auf jedem Kontinent. Das haben die meisten irgendwie cool gefunden, ich auch. Und auf Ausflügen hatten wir ihn ebenfalls gern dabei. Der wusste sich immer gut zu helfen. Leider hat er gleichzeitig alle Baumarten abgefragt. Das war wieder abtörnend.«

Direktor Quirin hatte ein feines Gespür, wann Essentielles mitgeteilt war, warf Eckensperger einen nickenden Blick zu und schlug vor: »Ich denke, wir können Bernd in die Klasse zurückschicken? Kollegin Smrna, Psychologie und Philosophie, hat die Stunde übernommen und versucht, das Geschehene mit den Schülerinnen und Schülern aufzuarbeiten. Bei weiteren Fragen holen wir ihn selbstverständlich erneut aus dem Unterricht.«

Der Ermittlungsbeamte stimmte zu. Aus den Schilderungen des Zeugen hatten sich einige Fragen ergeben, die er seinem Notizblock anvertraute.

»Was halten Sie von den Angaben Ihres Schützlings?«, wollte er vom Schulleiter wissen, sobald sich die Tür hinter Bernd geschlossen hatte.

»Klingt alles einleuchtend und deckt sich mit meinem Eindruck. Erstaunlich, wie rasch sie erwachsen werden. Ich kann mich noch an das Aufnahmegespräch mit dem 10-jährigen Bernd erinnern, und nun verlässt er uns in vier Monaten. Doch das interessiert Sie weniger. Ist mir bewusst. Hier ist der Personalakt von Magister Simon Thanner. Er wurde im November 44 Jahre alt, ist seit mehr als 18 Jahren im Schuldienst, seit 14½ Jahren an diesem Gymnasium. Damals war ich noch im Lehrkörper. Er hat einen makellosen Akt, ist – beziehungsweise – *war* zuverlässig, hilfsbereit und grundsätzlich bestens vorbereitet. Noten hat er nicht verschenkt, dennoch gab es in all den Jahren keine gröbere Beschwerde. Im Gegensatz zu manchen anderen hatte er neben seinem Lehrerdasein noch außerberufliche Interessen, nämlich die erwähnten Reisen. Über sein Privatleben bin ich marginal unterrichtet. Die Wohnadresse steht hier in den Unterlagen. Meines Wissens nach hat er ziemlich betagte Eltern, die in einem Seniorenheim am Stadtrand leben. Ebenso wie seine Schwester. Von der Familie hat er interessanterweise des längerem nicht mehr gesprochen. Werden Sie sie benachrichtigen?«

Eckensperger nickte und notierte. Dem schlauen Fuchs war aufgefallen, dass Pater Quirin zwar die Arbeitsauffassung des Verstorbenen wertschätzend erwähnt, jedoch auf Begriffe wie ›beliebt‹, ›sympathisch‹ oder ›von allen geschätzt‹ verzichtet hatte.

»Was sagen Sie denn zu diesen Zeilen?«

Der Kommissar reichte dem Direktor auf dessen »Darf ich?« die Plastikhülle mit der Drohnachricht.

»Ich bin erschüttert. Und irritiert. Nachdem die Notiz, wie Sie angeben, in seinem Labormantel steckte, wird Magister Thanner sie vermutlich hier an der Schule erhalten haben. Das ist ernst, weit entfernt von einem Dummejungenstreich. Die Schrift sagt mir nichts, wiewohl sie gefällig und recht markant ist.«

Pater Quirin begleitete seine Aussage mit einer bedächtigen, verneinenden Kopfbewegung.

»Ich kenne begreiflicherweise keineswegs alle Handschriften des Kollegiums und der Schülerschaft. Falls Sie mir erlauben, eine Kopie anzufertigen, lasse ich Frau Haenkel die Lehrerhandschriften überprüfen und ersuche die Klassenvorstände um ihre Meinung zu den

Schülerinnen und Schülern in deren Verantwortung. Als erste Unterstützung, wenn Sie so wollen.«

»Das Angebot nehmen wir gern an, wenngleich wir von Schüler Holt und jenen, die mit dem Professor nicht klargekommen sind, eigenhändig Schriftproben einholen müssen.«

Auf die Frage, wer mit Magister Thanner am meisten Verbindung gehabt hatte, meinte der Direktor nachdenklich: »Größtenteils blieb er lieber für sich, hielt sich mehr in seinen Sälen und Zusatzräumen als in einem unserer beiden Lehrerzimmer auf. Klarerweise hatte er Kontakt zu jenen Klassenvorständen, in deren Klassen er unterrichtete. Er selbst wollte diese Aufgabe nie übernehmen. Da fällt mir ein … angeblich war er eine Zeit lang mit einer Lehrerin der Volksschule hier am Campus liiert. Näheres ist mir verständlicherweise nicht bekannt.«

»Der Name der Kollegin hoffentlich?«, drückte Eckensperger nach.

»Heike Werner. Doch ich weiß das nur vom Hörensagen, gebe ich zu bedenken. Dazu erkundigen Sie sich besser in der Direktion der Volksschule. Ostflügel. Pater Eusebius bringt sie hin, sobald wir hier fertig sind. Meines Erachtens …«

Während der letzten Sätze war es – trotz der gepolsterten Tür zum Sekretariat – nebenan hörbar laut geworden, als schon die Tür aufgerissen wurde und eine mittelgroße, dunkelblonde Frau mit schwarz gerahmter, strenger Brille energisch in die Kanzlei stürmte. Hinter ihr die fassungslose Schreibkraft, die Direktor Quirin mit einem verzweifelten Gesichtsausdruck Marke ›Leider konnte ich sie nicht aufhalten‹ bedachte.

»Ich habe dabei zu sein, bei jeder Befragung an einer *unserer* Schulen habe ich dabei zu sein!«

Mit diesen Worten steuerte der ungebetene Gast Eckensperger an, warf ihm einen giftigen Augenaufschlag zu sowie eine Visitenkarte vor ihn auf den Tisch.

»Ich bin die Verantwortliche der Diözese und somit im Auftrag Seiner Exzellenz, unseres Hochwürdigsten Herrn Bischofs, da. Hier gelten unsere Regeln! Haben Sie mich verstanden, ja?«

Beim zustimmungsfordernden ›Ja?‹ am Ende des Wortschwalls kippte die Stimme in unnatürliche Höhe. Ihre Augen blieben eindringlich auf Eckensperger geheftet, nachdem sie die beiden Padres mit einem knappen Nicken bedacht und Nicole keines Blickes gewürdigt hatte.

Wer Pater Quirin genauer kannte, konnte bemerken, wie sich sein Blick versteinerte, sein Oberkörper verkrampfte und seine Atmung flacher wurde, indes er sichtlich um Contenance und Entspannung der Situation bemüht war.

Der Kommissar blieb unbewegt.

Der positive Eindruck, den er, der Kirche eher fernstehend, von der katholischen Einrichtung im Erstkontakt mit den Padres gewonnen hatte, verflüchtigte sich durch die nunmehrige Begegnung im Nu.

Tatsächlich kannte er diesen Persönlichkeitstyp: geschult in Kommunikationstechniken wie Neuro-Linguistisches Programmieren, kalt, berechnend, misstrauisch, mit nahezu krankhaft übersteigertem Narzissmus.

Er kannte ihn auf beiden Seiten seines Fachgebiets: als Täter und Opfer.

Er kannte ihn, wenn sich ihre Vertreterinnen und Vertreter beginnend mit Staffing, dann Mobbing und schließlich Bossing all jener entledigten, die beliebter, versierter, vernetzter waren, wenn sie Gelder zweckentfremdeten, verleumdeten und korrupte Beamte für ihre Dienste schmierten.

Er kannte ihn andererseits als Adressaten von anonymen Droh- und Schmähbriefen, vereinsamt und gegen wachsende Ablehnung kämpfend.

Er kannte aber auch kein Mitleid mit Menschen dieses Kalibers, die glaubten, sich die Welt in ihrem Umfeld nach Gutdünken richten zu können, nachdem sie sich mit Ellbogentechnik nach oben gedrängt hatten, die manipulierten, drangsalierten und desavouierten. Alles im Sinne ihrer Karriere und eines Machtrausches, der sie jedes Taktgefühl und jede Empathie vergessen ließ. Am Ende spürten sie sich selbst nicht mehr. Außer in jenen kurzen Phasen des Triumphs, in denen sie vermeintliche Konkurrentinnen und Konkurrenten ausgebootet, aus deren Wirkungsbereich ver- oder in den Krankenstand getrieben beziehungsweise sie schlicht und einfach vernichtet hatten.

Eine enorme Fluktuation von Mitarbeiterinnen und Mitarbeitern, ein gezielt aufgebautes Spitzelwesen und damit verbundene Vernaderungen, ängstliche Unterwürfigkeit und falsche Ergebenheit säumten ihren Karriereweg.

Ein Beispiel aus seinem engsten Umfeld war der derzeitige Polizeidirektor, mit dem er gemeinsam die Ausbildung absolviert hatte.

Vom Eintritt in den Polizeidienst an, hatte dieser seine egoistischen, die eigene Berufslaufbahn befördernden

Spielchen mit allen Mitteln betrieben. Hatte mit Kolleginnen, die ihm im Weg standen, zunächst geflirtet und sie in Folge als leichtfertige Flittchen verunglimpft, hatte Kameraden mit höherem Bildungsabschluss denunziert, seinen Vorgesetzten geschmeichelt und ihnen Sand in die Augen gestreut, Erfolge anderer für seine ausgegeben und sich so seinen Weg in die Führungsposition ohne Rücksicht auf Verluste im zwischenmenschlichen Bereich, dafür im Rekordtempo freigetreten.

Mittlerweile saß er an einer Stelle, an der er uneingeschränkt schalten und walten und die erworbenen politischen Kontakte in seinem Sinn bedienen konnte. Schob seine ›Untergebenen‹ nach Belieben wie Schachfiguren auf dem Spielfeld hin und her, stets bedacht, anderen eine ähnlich steile Karriere zu verunmöglichen. Belobigungen und Beförderungen waren in seiner Ära drastisch zurückgegangen, erfolgten ausschließlich, solange es dem eigenen Sympathieschub diente oder er sich die Ausgezeichneten dadurch gefügig machen konnte.

Ja, Eckensperger hatte diese ›Dame‹ blitzschnell durchschaut. Und neben seiner Antipathie gleichermaßen eine Portion Mitleid mit ihr. Denn, so wie sein Vorgesetzter, der seinen Posten beim nächsten Ministerwechsel gewiss einbüßen würde, konnte auch sie nur so lange im Sattel bleiben, als ihre Steigbügelhalter und Stiefelknechte in Amt und Würden waren.

Er blickte auf die Karte, von dort in ihre kalten Augen und brummte betont genervt: »Nun, Frau Fürst, …«

»Magistra Fürst!«

»Also gut, *Magistra* Fürst. Sie werden sich gedulden müssen. Im Moment spreche ich mit dem Schulleiter und dem Administrator und zwar nicht, ich betone NICHT in Anwesenheit von irgendwelchen Personen, die ich keineswegs hinzugebeten habe.«

»Sie haben nicht die leiseste Ahnung, bei wem ich ein und aus gehe, wessen Telefonnummern ich hier in meinem Handy gespeichert habe und wer mir noch einen Gefallen schuldig ist. Erst gestern war ich mit dem Bürgermeister essen und morgen habe ich mein Jour fixe mit dem Generalvikar unserer Diözese, ja? Wundern Sie sich nicht, Sie werden nach einer Beschwerde meinerseits vom Innenminister persönlich eine Verwarnung bekommen, Herr Kommissar! Auf meinem Tisch läuft alles zusammen.«

»Herr *Haupt*kommissar, weil Sie's ja so mit den Titeln haben. Und steigen Sie ein wenig vom Gas, Magistra ›Herzog‹. Ich bin mir sicher, sowohl Sie als auch unser geschätzter Innenminister werden den Fall rasch und umfassend geklärt haben wollen.«

Die in die Schranken Gewiesene schnappte nach Luft, korrigierte ihren Nachnamen und fügte gedämpfter hinzu: »Selbstverständlich! Ich meine ja bloß, konzentrieren Sie sich auf das private Umfeld von Professor Thanner. Hier in der Schule werden Sie kein Motiv und keinen Täter finden, ja? Sie müssen Prioritäten setzen, das große Ganze im Auge behalten.«

Das ›liebte‹ Eckensperger besonders, wenn ihm jemand von außen erklärte, wie er seine Aufgaben zu erledigen hatte.

Die Vorgehensweise seines Gegenübers war ihm nicht fremd: Wilde Drohgebärden, mit gewichtigen

Namen Eindruck schinden und die Betonung, über alles informiert zu sein. Allein, diese wild abgeschossenen Nebelgranaten konnten ihn nicht blenden und vor allem nicht einschüchtern.

»Je zügiger Sie mich meine Arbeit machen lassen, Magistra ›Prinz‹, desto schneller bin ich hier fertig und kann mich anderen Verdächtigen und Zeugen widmen. Wir haben demnach dieselben Interessen … und jetzt raus! Gehen Sie mit Gott, aber gehen Sie.«

Nicole hatte unterdessen eine innere Wette abgeschlossen, ob Eckensperger in seinen gewohnt rüden Tonfall mit zunehmender Lautstärke wechseln würde, bevor sie langsam bis dreizehn gezählt hatte.

Da war beides wieder. Und sie war eben erst bei ›acht‹ angelangt.

Mit stillem Vergnügen genoss sie das doppelt zufriedenstellende Ergebnis: ihre eingetroffene Prognose sowie den zornigen Blick und den um Haltung bemühten Rückzug der ›Prinz*essin*‹. Zugleich war ihr klar, dass der Gegenwind von dieser Front keinesfalls abgewendet, sondern lediglich für einen neuerlichen Anlauf abgeflaut war.

Wie hatte sie vor kurzem auf einem Türschild gelesen: »Vorsicht vor dem Frauchen. Der Hund ist harmlos.«

Schickeria

Eckensperger warf einen Blick auf seine Notizen.

»Wenn ich schon da bin, werde ich mich zunächst mit den jungen Leuten aus der 8a unterhalten. Fangen wir mit Jasille an, danach knöpfen wir uns Wolfgang, den Ehrgeizling, vor und arbeiten uns schlussendlich zu den drei Chemie-Nieten Fabian, Alexa und abermals Bernd hoch.«

Nicole nickte zustimmend, obwohl sie wie üblich weder um Bestätigung noch um Gegenvorschläge gefragt worden war. Allein das ›wir‹ war Berücksichtigung genug.

Nachdem die Spurensicherung weiterhin im Labor zu tun hatte, der Chemiesaal daher wegen des Kommens und Gehens für den Unterricht nicht verwendet werden konnte, richtete sich der Kommissar dort in Absprache mit dem Schulleiter seinen Befragungsplatz ein. Mit dem Vorteil, unverzüglich über eventuelle Neuigkeiten von den nebenan werkenden Kriminaltechnikern informiert werden zu können.

Pater Eusebius – vom ›charmanten‹ Chefermittler zwischenzeitlich insgeheim ›Pater Kugelblitz‹ tituliert – stand den beiden weiterhin assistierend zur Seite. Das war nicht nur ein Zugeständnis an Eckenspergers Orientierungssinn, sondern auch an den kooperativen Direktor, der somit über seinen Mittelsmann ebenfalls auf dem Laufenden blieb. Die Befragungen der Schüler im Beisein des Administrators durchzuführen, bremste obendrein befürchtete Elternbeschwerden aus und hielt die Jugendlichen womöglich von groben Flunkereien ab. Sollte sich seine Anwesenheit als hinderlich erweisen, konnte man den Ordensmann immer noch – mehr oder im Falle Eckenspergers eher weniger – höflich zur Tür hinauskomplimentieren.

Gemeinsam mit Nicole brachte der Pater wie vorgesehen zuerst Jasille zur Befragung.

Der konnte indes nichts Wesentliches zur Erhellung des Falls beitragen. Klarerweise war er anfangs verärgert gewesen, weil Magister Thanner ihn von seinem Posten als Chemiehelfer abgezogen hatte. Diese Aufgabe hätte er gern bis zum Abschluss des Sommersemesters beibehalten. In seinem Lebenslauf für die Ferialpraxis in der Krankenhausapotheke hätte sich das hervorragend gemacht. Doch Bernd eine Chance zu geben, wäre *vollkommen* in Ordnung gewesen. Zu keiner Zeit habe dieses Vorgehen seines Professors ihn zu einem Drohbrief oder gar Angriff auf dessen Leben verleitet. Gewiss, nicht alles war von seinem Mitschüler ähnlich perfekt vorbereitet gewesen wie unter seiner Verantwortung, und den Schlüssel zum Labor hatte dieser immerhin auch zwei Tage lang verschlampt. Aber schließlich habe er, Jasille, der Schule viel zu verdanken und Schwache zu unterstützen, über Fehler großzügig hinwegzusehen entspräche ebenso *vollkommen* seinen christlichen Wertvorstellungen.

»Ein bisschen sehr *vollkommen,* dieser Musterschüler«, befand Eckensperger, während Pater Eusebius Jasille in die Klasse zurückbegleitete und den nächsten Anwärter zur Einvernahme holte.

»Ist absolut verständlich, Chef. Erst der Tod des Vaters, die damit verbundenen Geldsorgen und daraufhin die Erkenntnis, sich den Verbleib in der Schule durch gute Leistungen und vorbildliches Benehmen verdienen zu müssen. Er wird es nicht leicht haben neben all den Snobs und wohlhabenden Kids. Zuvor, bei meinem kurzen Blick in die 8a, habe ich jedenfalls mehr Gucci- und Saint Laurent-Handtaschen sowie Hugo Boss und Jil Sander-Schuhe gesehen als in der letzten Ausgabe vom ›Fashion Speak‹. Da können die Jugendlichen Schuluniformen tragen, was sie wollen, die Kluft zwischen superreich und Mittelstand fällt trotzdem auf. Dabei habe ich noch nicht einmal deren Sport-Outfits, Notebooks oder Smartphones zu Gesicht bekommen.«

Einen prominenten Träger solcher Exklusivmarken brachte der füllige Pater soeben in den Saal.

Demonstrativ lässig ließ sich Wolfgang ›Schmucki‹ Schmuckenschlager ungefragt auf dem Sessel gegenüber Eckensperger und seiner Mitarbeiterin nieder, streckte die Beine mit seinen Versace Sneakers weit von sich und begann auffällig an seinem Thomas Sabo Silberring mit Adlerkopf zu drehen.

Die wachsame Kriminalistin neigte sich zu ihrem Vorgesetzten und wisperte empört: »Der hat eine halbvolle Dose mit diesem Schnösel-Energiegesöff mir nichts dir nichts in den Papierkorb geworfen.«

»Deswegen können wir ihn leider nicht festnehmen, Fräulein Greenpeace.«

Für Nicole war das Thema beileibe nicht beendet.

»Aber er hat eine italienische Markenbrille für fast zwei meiner Monatsgehälter am V-Ausschnitt seines dunkelblauen Schulpullis hängen. Können wir ihn vielleicht deshalb verhaften?«

Der Energiedrink-Schnösel musterte die Polizistin schamlos und verzog verächtlich die Mundwinkel, sobald der Kommissar ihn nach Professor Thanner zu befragen begann.

»Keine Ahnung, was Sie von mir wollen. Ich muss Ihnen überhaupt nichts sagen. Sie stehlen mir lediglich sinnlos Lebenszeit. Jede Minute Unterricht kostet meinem Vater mehr Kröten als Sie in derselben Zeit verdienen. Nicht, dass er es sich nicht leisten könnte. Wissen Sie, dass er …«

»Hören Sie auf, heiße Luft zu verzapfen und beantworten Sie einfach meine Fragen, kapiert?«

Eckensperger hatte nicht nur gehörig an Lautstärke zugelegt, sondern gleichzeitig mit der Faust auf den Tisch geschlagen, dass die beiden Wassergläser klirrten und der Bleistift über die Kante rollte. Die gedehnte Sprechweise des aufgeblasenen Jünglings erzürnte ihn heftig. Heftiger als dessen impertinente Anspielung auf sein Beamtengehalt.

»Na, geht doch«, schnauzte er, nachdem sich der Schüler, der kräftig zusammengezuckt war, zu einem belanglosen Kommentar herabließ. »Sogar, ohne vor meiner Kollegin eine spätpubertäre Machoshow abzuziehen. Die kann nämlich Karate, Teak Kwon Do, Jiu Jitsu sowie andere gefährliche Worte und verspeist zwei von Ihrer Sorte zu jedem Frühstück, Wolfi!«

Wolfgang zog vor Ärger und Scham eine dunkelrote Farbe auf und verkutzte sich bei seiner krächzenden Verabschiedung, die er mit einer kleinen Drohung in Anspielung auf den Einfluss seines Vaters versah.

»Hat, wie es ausschaut, demzufolge ebenfalls kein Motiv, der ›schmucke‹ Junge. Das versprochene Cabriolet zum Schulabschluss zahlt ihm der Vater auch ohne Vorzugszeugnis, behauptet er. Und ich fürchte, das entspricht der Wahrheit«, zog Nicole ernüchtert Bilanz.

Eckenspergers Fokus richtete sich bereits auf den nächsten Schritt: »Nun zu unseren drei Chemie-Wackelkandidaten. Mal sehen, was die für eine Vorstellung abgeben.«

Fabian Fasching erwies sich als zugänglicher, sanfter, schlaksig-hochgewachsener Bursche. Ein wenig verträumt, mit braunem, volllockigem Haar und weichen Gesichtszügen. Hilflos sah er zunächst zur Decke hinauf, ließ dann seinen Blick durch den Saal schweifen und ihn schließlich fragend an der ihm bekannten Person hängen. Die beiden Beamten traute er sich nicht anzublicken. Pater Eusebius nickte ihm freundlich zu, Eckensperger bedeutete ihm mit einer knappen Handbewegung, Platz zu nehmen.

Auf der vordersten Kante sitzend, begann Fabian stockend auf die Fragen zu antworten.

»Natürlich habe ich vom Tod des Professors gehört. Ja, noch bevor die Smrna es erklärt und mit uns die Angelegenheit durchgekaut hat. Mir ist vorhin schon ganz übel geworden, als ich ihn sah.«

»Wen haben Sie gesehen? Magister Thanner? Waren Sie denn im Chemielabor?«

»N … nein. Das Foto meine ich. Ich kann heute bestimmt nichts mehr essen.«

»Foto? Was für ein Foto?«

»Na, das Foto, das Bernd aufgenommen … auf seinem iPhone … uns gezeigt hat.«

»Bernd hat … ein Foto … vom Leichenfundort gemacht?«, Eckensperger war zu verblüfft, um brüllen zu können.

»Und verschickt auch?«, mutmaßte Nicole.

Fabian nickte stumm. Wahrscheinlich wurde ihm jetzt erst bewusst, dass er seinen Klassenkameraden soeben tief in die Sch*** geritten hatte.

So groß, wie er es dargestellt hatte, konnte der Schrecken von Schüler Holt beim Anblick seines toten Lehrers demnach nicht gewesen sein. Ebenso war sein Rückzug nicht wie angegeben ›postwendend‹ erfolgt. Der Kommissar blätterte in seinen Aufzeichnungen zurück und ergänzte eine Anmerkung.

Ohne vorerst aufzusehen, befragte er Fabian über dessen Verhältnis zu Professor Thanner.

»Das war ok. Nicht mein Lieblingsprof, aber …«

»Sie tragen es ihm also die negative Chemienote, die er Ihnen verpassen wollte, nicht nach? Im Jahreszeugnis? Mit Zusatzprüfung?«

»Nein, echt nicht. Ehrlich.«

»Das kaufe ich Ihnen nicht ab!«, Eckensperger beugte sich vor und versuchte Fabian mit seinem Blick zu fixieren. »Sie müssen doch stinksauer sein, dass er sein Fach dermaßen ernst nimmt und Ihnen den Schulabschluss verpatzt.«

»Nein, bin ich nicht, war ja sein Job. Außerdem …«

»Außerdem was?«, hakte Eckensperger rasch nach.

Fabian schwieg, sah unsicher auf Pater Eusebius, danach auf seine Schuhspitzen, von dort auf die Stukkaturdecke und knetete seine Hände.

»Außerdem was? … So reden Sie schon!«

»Außerdem hat er mir nichts verpatzt. Ich hätte auf die letzte Arbeit locker ein ›Befriedigend‹ schreiben können.«

»Wirklich? Und das soll ich Ihnen glauben. Läuft da grad die Märchenstunde oder, um in Ihrer Altersgruppe zu bleiben, ›X-Factor: Das Unfassbare‹?«

»Nein, ehrlich. Ich kann's ... sogar ... irgendwie beweisen.«

»Was, bitte schön, gibt es für einen vernünftigen Grund, absichtlich eine negative Note einzufahren?«

Eckensperger rang die Hände, runzelte seine Denkerstirn und fuhr bissig fort: »Macht sich das im Lebenslauf besser? Erhöht das Ihre beruflichen Chancen? Fühlen Sie sich cooler mit einem schlechteren Notendurchschnitt? Oder wollen Sie ein Jahr länger die Schulküche genießen? Ihren Eltern unverändert auf der Tasche liegen? Den Wehrdienst hinausschieben?«

Fabian wusste mit der Ironie des Kriminalkommissars nichts anzufangen und schüttelte nur anhaltend den Kopf, dass seine Locken hin- und herflogen.

Pädagogisch versiert stellte Pater Eusebius die entscheidende Frage: »Soll ich kurz hinausgehen?«

Fabian schüttelte weiterhin sein Haupt.

»Nein, ... es reicht, wenn Sie versprechen, es niemandem zu sagen. Da vertrau' ich Ihnen, Pater.«

Und zu den beiden Ermittlern, genau genommen irgendwo zwischen sie hindurch, murmelte der Schüler: »Ich wollte einfach ein paar Monate länger Nachhilfe bekommen. Da lernt eine Studentin mit mir, die wie ich Gitarre spielt, und in die ich ... mit der ich ... mich gut verstehe. In Mathe will ich fit sein, da hängt die Matura dran. Aber ob ich in Chemie im Herbst eine Zusatzprüfung ablegen muss, ist mir egal. Dann brauche ich über den Sommer noch Übungsstunden und kann sie jede

Woche sehen. Vielleicht mag sie mich bis dahin, obwohl ich doch drei Jahre jünger bin?«

Nicole lächelte, sie verstand Fabians verschrobene Denkweise.

Ihr Chef hingegen kapierte gar nichts. Nun war er mit dem Kopfschütteln dran.

Pater Eusebius meinte ausgleichend »Amantes amentes. Verrückt, was manche aus Zuneigung tun«, trat an Fabian heran und klopfte ihm vertrauensvoll auf die Schulter.

»Sei unbesorgt, ich verrate keinem davon. Aber klug, mein Sohn, hast du nicht gehandelt.«

Zerknirscht verließ Fabian den Raum.

»Das ist das Blödeste, was ich je gehört habe«, fluchte Eckensperger. »Dummheit kennt keine Grenzen, aber sichtlich diesen humanistisch und naturwissenschaftlich gebildeten Schüler. Darum glaub' ich ihm den Stumpfsinn aufs Wort.«

Pater Eusebius war um Verständnis für seine Schützlinge bemüht.

»Es ist eben ein recht schwieriges Alter rund um das Volljährigwerden. Die Werbung und die Gesellschaft suggerieren den jungen Menschen, sie seien erwachsen. U 17-Führerschein, eigenes Konto. In Wahrheit sind sie noch viel mehr ›Kind‹ als wir in diesem Alter waren, müssen weniger Verantwortung tragen, wohnen länger zu Hause, gründen verglichen mit unserer Generation später eine Familie …«

»Sie haben eine Familie gegründet?«, lag Eckensperger auf der Zunge, aber er schluckte die zynische Bemerkung mit gewissem Bedauern hinunter.

Das gab dem Ordensmann Zeit für einen tiefen Seufzer.

»Ja, ja, omne initium difficile est – aller Anfang ist schwer. Selbst, wenn man heutzutage so vieles aus dem Internet erfährt, was einem relevant erscheint.«

»Apropos Internet. Das bringt mich gleich auf den zweiten Schwachsinnigen. Hat der Holt tatsächlich ein Foto gemacht und nichts davon erwähnt! Her mit dem Burschen, der hat Erklärungsbedarf.«

»Ich bitte Sie, sich zu beruhigen, bevor ich Bernd hole. Es liegt in meiner Verantwortung … die Bibel lehrt uns zu lieben.«

»Und das Kamasutra, wie's geht«, stellte Eckensperger insgeheim anzüglich fest.

Laut sagte er: »Ist schon gut, Pater. Ich bin wieder gaaaanz ruhig und werde unseren Übeltäter mit Glacéhandschuhen anfassen.«

Die hatte Eckensperger allerdings nicht allzu lange übergestreift.

»Sie haben einen wesentlichen Punkt bei der Schilderung des Auffindens Ihres Chemieprofessors ausgelassen!«, donnerte er los, sobald Bernd sich gemütlich auf dem Sessel niedergelassen hatte.

»Leck mich fett! Welches feige A*** konnte denn die Klappe nicht halten. Wolfgang, der Zieraffe? Oder Jasille, der Reserve-Chemielehrer?«

»Das tut hier nichts zur Sache! Sie händigen meiner Kollegin sofort Ihr Smartphone als wichtiges Beweisstück aus. Und damit Sie sich darauf einstellen können, das wird eine Weile dauern, bis alles ausgewertet ist und Sie es zurückbekommen.«

Bernd zuckte mit den Achseln: »No problem! Hab' sowieso alle Daten in der Cloud und obendrein mein iPad und ein Zweithandy.«

Pater Eusebius warf ihm nach dem vulgären Satzbeginn und dem Ausdruck ›Zieraffe‹ einen nächsten, strengen Blick zu, während Eckensperger in seinem Schreibblock blätterte, der Bernd geradezu vorsintflutlich erschien.

»Ab jetzt werden keine Fotos oder Nachrichten zum Fall verschickt, sonst gibt's Riesenärger«, drohte der Kommissar. »Nächste wichtige Frage: Sie hatten den Schlüssel zum Labor verschlampt? Und uns das ebenfalls verschwiegen?«

»Kann ja vorkommen. Ich bin halt nicht so ein Musterknabe wie unser smarter Filipino. Hätte ich Ihnen auch erzählen sollen, dass ich meine nigelnagelneue Marken-Fußballhose verschusselt habe? Um die hat's mir mehr leidgetan als um den blöden Schlüssel. Der ist im Endeffekt bald wieder aufgetaucht! Mein Dress nicht. Jammerschade! Noch dazu ist der Vorfall dokumentiert. Der Thanner hat's voll ins Klassenbuch eintragen müssen, der Lauch!«

»Na, na, wer wird denn?«, mahnte Pater Eusebius. »Dass solches Fehlverhalten verzeichnet wird, ist absolut legitim. Kein Grund, dem Professor Thanner nachträglich gram zu sein. Verloren hast immerhin du ihn.«

»Ich hab' ihn nicht wirklich verloren, aber das glaubt mir ja niemand«, beharrte Bernd. »Ich hab' den Sch***-schlüssel wie gewohnt ins Seitenfach meines Schulrucksacks gesteckt, um ihn nach der Chemiestunde und nachdem ich den ganzen Kram ins Labor zurückgebracht und dort verstaut habe, zum Schulwart zu bringen. Hat mich jedes Mal die komplette Pause gekostet. Voll ätzend. Und der Thanner hat glatt gemeint, ich soll ihm dankbar sein für den Job. Dankbar?! Dabei brauch' ich überhaupt keine Notenverbesserung …«

»Wir bleiben vorläufig bei der Schlüsselgeschichte«, unterbrach Eckensperger. »Wie ging's weiter?«

»Voll arg! Nach der Stunde war der Schlüssel auf einmal nicht mehr da. Ich hab' noch geschaut, ob ich ihn möglicherweise daneben oder gedankenlos in irgendeine sonstige Seitentasche gesteckt hab'. Nichts dergleichen. Schöne Sch***. Zwei Mal den kompletten Rucksack ausräumen, mich überall entschuldigen und blöd anreden lassen müssen, Verweis im Klassenbuch. Und zwei Tage später ist der verf*** Schlüssel plötzlich im Seitenfach, in das ich, weiß der Himmel wie oft, hineingeschaut hatte. Na, Hauptsache, er war endlich da.«

Der Pädagoge kam kaum nach, jeden unflätigen Ausdruck mit einem unerbittlichen Blick zu ahnden. Dass sich Zöglinge des Thomasianums vor Dritten derart derb äußerten, war ihm immens unangenehm. Eckensperger hatte hingegen gänzlich andere Sorgen und ersuchte Pater Eusebius wegen der zeitlichen Zuordnung des Vorfalls um das Klassenbuch.

Danach kam er auf die nächste Unstimmigkeit zu sprechen: »Was hat es mit der unnötigen Notenverbesserung auf sich?«

»Gut, dass der Prof momentan draußen ist. Die Sache ist die: Ich muss kein positives Abschlusszeugnis haben und eine Reifeprüfung auch nicht. Ich werde nämlich Stuntman. Das ist fix. Ich habe alle Eignungstests für die Stunt-Factory bestanden. Einen höheren Schulabschluss setzen die nicht voraus. Drei Jahre Ausbildung, in denen man bereits kleine Rollen übernehmen darf. Den Krach mit meinen Alten habe ich längst hinter mir. An sich wollte ich die Schule lieber heute als morgen abbrechen, aber meine Eltern zahlen mir die Ausbildung, und ich schließe die finale Klasse ab – das ist der Deal. Mit welchen Noten ist mir völlig und ihnen mittlerweile fast egal.«

Pater Eusebius, der bei seinem Eintreten die letzten Sätze des Schülers mitbekommen hatte, *fiel* das Klassenbuch aus der Hand und die Kinnlade hinunter.

»Faber est suae quisque fortunae.«

Mehr *fiel* ihm beim besten Willen nicht dazu ein.

Eckensperger legte beißend nach: »Heißt das übersetzt: Bei manchen Jugendlichen frage ich mich, was uns die Natur damit sagen will?«

»Irgendwie zerbröselt uns grad ein Motiv nach dem anderen, und die Zahl der Verdächtigen lichtet sich schneller als Ihr Haupthaar. Vielleicht war es ein Selbstmord? Haben Sie das mal ins Auge gefasst, Chef?«

»Nicht wirklich! Dafür müssten wir schließlich genauso ein Motiv finden. Ich gebe freilich unumwunden zu, dass über unser *Mord*opfer – dabei bleibe ich – noch ziemlich wenig vorliegt. Wie Willibald korrekt anmerkte, wurde kein Abschiedsbrief gefunden, sondern eine gehässige Drohbotschaft, der Thanner nachgehen wollte. Warum sonst hätte er den Zettel aufgehoben? Überdies sollte speziell ein Chemieprofessor wissen, wie schmerzhaft ein Abgang mit ätzendem Gift ist. Der hätte angenehmere Substanzen für seine letzte Reise zur Hand gehabt. Warum wählt er seinen Arbeitsplatz für seinen Abtritt, obwohl es keine beruflichen Differenzen gab? Und als Draufgabe: Bereitet einer, der sich umbringen will, eine Stunde vor, die er nicht mehr zu halten gedenkt und stellt eine Liste für den Chemiehelfer am nächsten Tag zusammen?«

»Lediglich, wenn er extrem pedantisch oder extrem fies ist. War ja nur so eine Idee mit dem Suizid«, verteidigte Nicole ihren Ansatz. »Andererseits haben Sie selbst mir beigebracht, stets alle Möglichkeiten in Betracht zu ziehen und Erwägungen erst fallen zu lassen, sobald sie definitiv ausgeschlossen werden können.«

»Das ist schon richtig. Grundsätzlich ermitteln wir nicht nur in eine Richtung. Jeden Holzweg brauchen wir allerdings nicht entlangzutrampeln. Ich werde Ihre Überlegung im Kopf und mit meinem Einwand recht behalten! Weitere hilfreiche Beiträge?«

Nicole schluckte. Es gab Momente, da könnte sie ihrem Vorgesetzten den Hals umdrehen. Die Blöße, sich ihren Unmut anmerken zu lassen, gab sie sich jedoch nicht. Sie wusste um ihre Qualitäten.

»Und ob! Plastiksäckchen mit DNA-Material und großteils allen Fingerabdrücken der bisher verhörten Kandidaten! Dachte mir, das kann nicht schaden. Wer weiß, wie lang wir auf offiziellem Weg auf die nötigen Genehmigungen warten müssen. Mir ist klar, dass wir die als Beweise nicht verwenden können, aber für ein erstes Ausschlussverfahren …«

»Sie sind mir eine! Holzweg mag sein, doch beileibe kein Holzkopf. Und wie haben Sie das gemacht?«

»Also, von Bernd haben wir das Handy!«

»Klar«, bestätigte Eckensperger. »Eine Idiotenübung. Und weiter?«

Nicoles Augen verengten sich. Ihre Stimme blieb dennoch halbwegs gelassen, während sich ihr Wunsch, dem ungeschliffenen Grobian an die Gurgel zu springen, verstärkte.

»Wolfgang hat ja demonstrativ eine halbvolle Dose Energydrink in den Papierkorb geworfen. Die hab' ich vorsichtig herausgefischt. Der unruhige, verliebte Nachhilfeschüler wollte vor seiner Befragung einen Kaugummi loswerden – ich bot mich helfend an. Und von Jasille habe ich mir das Chemieheft erbeten mit der Begründung, wir müssten nachschauen, welche Substanzen bei den letzten Versuchen verwendet wurden. Das will ich ihm verständlicherweise beizeiten zurückgeben.«

»Gut gemacht, Fräulein Sedlacek!«

Was war das? Ein Kompliment *vor* dem Mittagessen? Nicoles Rachegelüste schwanden. Wenn da nicht seine leidige Wortwahl wäre, die ihren Einspruch herausforderte. Sie entschied sich für eine sanfte Variante.

»In Kombination mit Ihrem Lob, lass' ich Ihnen das ›Fräulein‹ ausnahmsweise durchgehen!«

»Wird nicht mehr vorkommen!«

»Ist mir bewusst. Ein Lob aus Ihrem Mund ist rar wie ein vierblättriges Kleeblatt. In der Antarktis!«

»Sehr blumig im wahrsten Sinn des Wortes! Sapperlot! Da haben Sie neben Ihrem beruflichen Einsatz noch Zeit für einen Volkshochschulkurs ›Bildhafte Redewendungen im Polizeialltag‹? Alle Achzig! Wenn Sie Jasille bei der Aushändigung seines Schulhefts wiedertreffen, fragen Sie ihn in Ihrer tierfreundlichen Art über den Unfall seines Vaters aus, sodass wir diese Fährte abhaken können. Von allen befragten Schülern Handschriftenvergleiche organisieren. Und das Ganze zack, zack! Außerdem die DNA-Proben zur Spurensicherung …«

»Hab' ich soeben dem Joe von der KTU übergeben! Die eilen uns sozusagen voraus.«

Komm großer schwarzer Vogel

»Nun zu unserer ersten Zeug*in*«, verlautbarte Eckensperger mit überdeutlicher Betonung der Wortendung in Richtung seiner Mitarbeiterin. Nicole würdigte ihn weder eines Blicks noch eines Kommentars. Manchmal ging ihr der Chef einfach nur auf die Nerven.

Die Befragung musste indes hintangestellt werden. Zunächst verlangte Joe, einer der beiden Kriminaltechniker, nach dem Mordkommissionsleiter.

»Wir haben – trotz der täglichen Putzkolonne – eine Menge Fingerabdrücke sichern können. Offenbar werden die Reinigungskräfte nicht stundenweise, sondern pauschal bezahlt. Das geht dann sichtlich nach dem Husch-wusch-Prinzip.«

»Vielmehr Husch-wisch-Prinzip«, warf Nicole ein.

»Der war gut«, vergnügte sich Chewing-Joe, seinen unvermeidlichen Kaugummi malmend.

»Gar nichts war gut oder ist gut«, brummte Eckensperger. »Weitere wichtige Anhaltspunkte?«

»Ja, ja, wenn Sie nicht granteln können, sind Sie's nicht. Wissen Sie, was ich nicht verstehe?«, setzte der Spurensicherer fort.

»Wo soll ich anfangen? Das dürfte in Ihrem Fall, Herr Joe, ein Fass ohne Boden sein.«

»Ein Fass? … Ohne Boden, Herr Hauptkommissar?«

»Sehen Sie, es geht schon los! So spucken Sie endlich aus, was Sie beunruhigt.«

»Wir haben eine Eprouvette und interessanterweise zwei abgesplitterte Ecstasy-Tabletten sichergestellt. Äußerst hübsches Türkis mit eingeprägtem zungenleckenden Smiley übrigens. Die drei Dinge waren unter den alten, wurmstichigen Kasten an der Ostseite gerollt. Den mussten wir wegheben, weil der Abstand zwischen Fußboden und Kastenunterkante zu schmal für eine präzise Untersuchung war. Kaum zu glauben, dass zumindest die Pillen nicht hervorgeholt wurden. *Das* ist mir unbegreiflich.«

Eckensperger nützte die eingelegte Pause nicht für das fällige Lob, sondern einzig für ein ungeduldiges »Und?«

»Die Fundstücke sind vorschriftsmäßig eingepackt und auf dem Weg in unser Labor. Genauso wie die Gegenstände der Schüler, die uns Kollegin Sedlacek übergeben hat. Von uns aus kann der Raum freigegeben werden.«

»Die Leiche ist mittlerweile in der Pathologie?«

»Jawoll! Beziehungsweise auf dem Weg dahin. Hoffe, sie ist dort gut eingetroffen. Gemeldet hat sie sich bis jetzt noch nicht.«

»Scherzkeks«, knurrte Eckensperger. »Ich bin heute anscheinend von lauter lustigen Scherzerln umgeben. Ab mit Ihnen an Ihren Arbeitsplatz, Sie Laborratte! Oh, ich kann auch witzig sein, wenn ich will … Ecstasy-Zuckerl also? Der Herr Professor wird doch nicht ein Nebengewerbe zur Gehaltsaufbesserung betrieben haben? Ob *das* mit dem ›Hobby‹ im Drohbrief gemeint war? Da tut sich ein echtes Mordmotiv auf! Angenommen, die Pillen fielen ihm im Todesmoment aus der Hand? Demzufolge wäre klar, warum sie lagen, wo sie lagen …«

Eckensperger kehrte von seinem Gedankenausflug in die Realität zurück.

»Pater, hätten Sie die Güte, uns die junge Dame aus der 8a vorzuführen, damit wir hier vorankommen?«

»Da möchte ich Sie ein bisschen vorwarnen«, schmunzelte Pater Eusebius. »Sie ist gewissermaßen das ›schwarze Schaf‹ in unserer uniformen Schulfamilie.«

Weshalb, war sofort ersichtlich, als Alexa Krambüchner-Lehenhof den Saal betrat. Schwarze Haare, zerzaust zu einem wilden Berg auftoupiert, mit einem schwarzen Haarband umwickelt, schwarze, mehrschichtige Klamotten, gleichfarbige derbe Stiefeletten mit groben Silberschnallen. Schwarz umrandete Augen, schwarzer Lippenstift und schwarz lackierte Fingernägel, dazu ein schwarzer Lederstreifen mit Silbernieten um den Hals, den ein Spinnennetz-Tattoo zierte.

Mit ihr waberte eine Nikotinwolke im Ausmaß dreier voller Aschenbecher herein, was Nicole auf die Idee einer neuerlichen DNA-Zuordnung brachte. Tatsächlich fand sie auf einem Außenfensterbrett der Damentoilettenanlage einen Zigarettenstummel mit schwarzen Lippenstiftspuren.

Alexas Ton war frech, allein ihre Stimme kindlich-zart, nicht guttural und rauchig wie erwartet.

»Was gibt's?«, warf sie provokativ in dieser niedlichen Sprechweise in den Raum, stellte ein Bein auf den Sessel und stützte ihren Ellbogen darauf, das Kinn in die Hand geschmiegt, den zweiten Arm aggressiv in die Hüfte gestemmt.

»Gleich eine auf die Rübe«, hätte Eckensperger am liebsten geantwortet, entschied sich jedoch für den trockenen Kommentar: »Einen Sitzplatz, den Sie wie jeder andere hier einzunehmen und anschließend sauber zu hinterlassen haben.«

»Ist ja gut, Alter. Komm' wieder runter.«

Betont lasziv ließ sich Alexa auf dem Sessel nieder und nahm im Sitzen dieselbe Kinn-Hand-Ellbogen-Stützpose ein, was ihr einen missbilligenden Blick des anwesenden Schuladministrators eintrug.

»So werden Sie sich beim Antworten schwertun«, dozierte der Kommissar lakonisch, und Pater Eusebius versuchte es mit einem »Alexa, machen Sie doch nicht sich und ihren Mitmenschen das Leben sinnlos schwer«.

»Ach, f*** euch alle ins Knie. Null Bock auf euer Gelaber. Mich interessiert der ganze Mist nicht. Den könnt ihr hochstellen auf www.weninteressiertderscheiss.com.«

»Genug jetzt! Das ist einem Zögling unseres Instituts nicht würdig. Ich erinnere an den Aufnahmevertrag ...«

Alexa behielt die Stellung bei und nuschelte undeutlich: »Ich hab' null mitzuteilen. Keine Ahnung, wer den Thanner kaltgemacht hat, ich schwör'. Ich war's jedenfalls nicht, auch wenn er mir einen Fetzen in Chemie geben wollte. Das juckt mich genau null.«

Aus langjähriger Erfahrung wusste Eckensperger, dass jene, die seinem Blick forsch standhielten, meist mehr zu verbergen hatten, als jene, die sich kaum auf Augenkontakt einlassen konnten. Um die Spannung weiter zu erhöhen, blätterte er in seinen Notizen und schoss dann aufs Geratewohl einen seiner Gedankenblitzpfeile ab: »Wozu haben Sie die Kopie des Schlüssels zum Chemielabor benötigt?«

Alexas Kinn rutschte von ihrer Handfläche ab. Darauf waren weder sie noch Pater Eusebius vorbereitet gewesen. Schwer zu sagen, wer fassungsloser dreinschaute. Entgeistert fragten beide wie aus einem Munde: »Den Schlüssel zum Labor?«, wobei die Schülerin ein »dem verf***en?« anhängte.

»Ja, den Schlüssel zum Labor, Fräulein Krambüchner-Lehenhof! Rede ich chinesisch oder haben Sie vom letzten Death Metal-Konzert noch Ohrenstöpsel drin?«

Eckensperger ließ erneut seine Faust auf den Tisch niedersausen, erhob sich von seiner Sitzfläche, stützte sich mit beiden Händen auf der Tischplatte ab und beugte sich, Alexa anstierend, weit in ihre Richtung vor.

Die blieb vorerst cool.

»Nicht den Funken einer Idee, wovon du laberst, Alter. Was soll ich mit einem Schulschlüssel? Muss ich *raus,* schaff' ich das. Und *rein* will ich in die Anstalt bestimmt nicht freiwillig, solange die zugesperrt ist.«

»Nun, ein Chemielabor zu nächtlicher Stunde eröffnet einige Möglichkeiten, nicht wahr? Sie sind ja, wie ich aus der Schülerliste ersehe, eine der ›Internen‹, wohnen demzufolge im Internat hier vor Ort«, säuselte der scharfsinnige Beamte, der sich auf der richtigen Fährte wähnte.

Pater Eusebius traute seinen Ohren nicht.

»Alexa, Sie werden doch nicht …«

»Ach, lasst mich einfach alle in Frieden«, schrie Alexa wutentbrannt auf. »Ihr geht mir so was auf den Sa… Senkel. Wenn wir schon fürs Leben lernen, soll sich damit zumindest ein wenig Kohle machen lassen. Wir haben schließlich nur ein paar bunte Pillen hergestellt, die uns länger Party machen und unsere Raves abfeiern lassen. Das Wochenende ist kurz genug, und der Stress in der Schule mega hardcore.«

»Ist euch der Thanner auf die Schliche gekommen?«, klopfte Eckensperger auf den Busch, und Nicole konstatierte insgeheim: »Genial wie so oft, der Chef.«

»Nicht die Spur«, antwortete Alexa. »Der hatte so was von keine Peilung. Nicht einmal, als wir letztens ein paar Goodies versehentlich im Labor liegengelassen haben. Der hat echt nicht gecheckt, was das war. Voll krass, oder?«

»Es gab somit ein ›wir‹? Wer verbirgt sich denn dahinter?«

»Ach, ein paar Freunde. Die Namen werden Sie von mir nicht hören. Und ein Geständnis kriegen Sie auch nicht. Da müssen Sie mir erst was nachweisen!«

»Werden wir, darauf können Sie sich verlassen. Wir wissen nämlich mit den gefundenen Goodies sehr wohl etwas anzufangen – Fingerabdrücke, DNA-Rückstände. Aber eins nach dem anderen. Zunächst interessiert mich der Mord. Sie haben den Professor also nicht vergiftet, weil er Sie in Chemie negativ benotet hat, nicht, weil er Sie beim Herstellen von Psychopharmaka erwischt hat, sondern …?«

»Ich hab' niemand vergiftet. *Die* Theorie kannst du in die Tonne treten. Ich schieß' mir doch nicht ins Knie und bring' den um. Wir wollten … *ich* wollte bloß in Ruhe dem sein besch*** Labor verwenden. Ist das zu kapieren?«

»Ach, ich bin nicht so schwerfällig von Begriff wie Sie denken. Falls Sie uns die Namen der Mitgiftler nicht nennen, blüht Ihnen eine Anzeige wegen Behinderung in einer Mordermittlung. Das ist der Nachteil der frühen Geburt und der damit verbundenen Volljährigkeit! Zusätzlich ist Ihnen eine Anzeige wegen Verstoßes gegen das Suchtmittelgesetz sicher, dazu noch Diebstahl und illegale Anfertigung eines Zweitschlüssels, Hausfriedensbruch. Da kommt ein bisschen was fürs jugendliche Strafregister zusammen. Hoffentlich mögen Sie gestreiftes Outfit?! Bei dem ist zumindest die Hälfte schwarz.«

Ausgeliefert

Eckensperger hatte genug von altklugen, verhätschelten, ausgeflippten, paranoiden und exaltierten, von angepassten und angepissten Endteenies. Nun wollte er ohne weitere Zeitverzögerung die erwähnte Lebensgefährtin des Mordopfers an deren Arbeitsplatz befragen. Beinahe freute er sich auf die Gschroppen in der Volksschule. Ein unbesonnener, leichtfertiger Wunsch, wie sich bald herausstellen sollte.

Die Aussage von Georg Danzers Titel ›Die dummen Erwachsenen‹ konnte er aus langjähriger Erfahrung hundertprozentig nachvollziehen. Wie viele sinnlose, haltlose, kopflose Lügen hatte er schon gehört, wie viele strohdumme, verbrecherische Aktionen erlebt, um ein Ziel zu erreichen, wie viel Großspurigkeit, Selbstüberschätzung, Niedertracht und Idiotie im Umgang mit volljährigen Zeugen und Tätern ertragen müssen.

Woher kamen die dummen Erwachsenen tatsächlich, angesichts zahlreicher halbwegs niedlicher, wissbegieriger, vertrauensvoller, eben ›leiwaunder‹ Kinder? Eine Einschätzung, die er ohnehin nur mäßig teilte und ausschließlich herzigen Werbespots, nicht der harten Realität in überfüllten Warteräumen eines Kinderarztes oder auf Spielplätzen, verdankte.

Im Anmarsch zum Volksschultrakt wandte sich der Kommissar an Pater Eusebius: »Was können denn *Sie* mir über Ihren Kollegen erzählen? Hatte er mit jemand aus dem Lehrkörper Streit? Wie sind *Sie* mit ihm ausgekommen?«

»De mortuis nihil nisi bene! Aber das trifft sich nahezu mit der Wahrheit: Ich kann lediglich Gutes beziehungsweise Neutrales über ihn berichten. Er war unbestritten eher introvertiert, unauffällig, kein Alpha-Tier, wie man heutzutage so treffend sagt. Fast ein Eigenbrötler. Äußerst belesen und kundig in seinen Fachgebieten. Mehr Lehrer denn Erzieher. Einer, der seinen Gegenstand unterrichtete, nicht die Jugendlichen.«

Es war Pater Eusebius anzumerken, wie wenig seine pädagogischen Ideale mit jenen von Magister Thanner übereinstimmten.

Der Mönch fuhr fort: »Zu Beginn seiner Tätigkeit bei uns hielt er Filmabende über seine Reisen ab. Im Festsaal. Waren recht gut besucht diese Veranstaltungen. Schülerinnen, Schüler, Eltern und Verwandte, das Kollegium sind gekommen. Irgendwann stellte eine unserer jungen Lehrkräfte, die ebenfalls Biologie unterrichtet und einen völlig konträren Ansatz vertritt, Thanners weite Flugreisen in Frage, warf ihm mangelndes Ökologiebewusstsein vor. Das hat ihn enorm getroffen. In Folge gab er ad hoc die Vortragstätigkeit auf und zog sich noch häufiger in seine naturwissenschaftlichen Kämmerchen zurück. Aber Streit entstand deswegen nicht. Alle schätzten seine Expertise und seinen Einsatz für unsere Schule.«

»Da muss ich Ihnen kräftig widersprechen. Einer schätzte ihn mit Sicherheit nicht!«

Und nach einem Seitenblick auf die stumm nebenherschreitende Genderbeflissene fügte der Kommissar hämisch hinzu: »Oder eine.«

Die beiden letzten zynischen Wortmeldungen hatte Pater Eusebius augenscheinlich nicht mitgekriegt. Vielleicht überging er sie auch aus Pietät. In sich gekehrt blickte er auf seine Armbanduhr und murmelte: »Media in vita in morte sumus.«

Sie betraten ein großes Tor im gegenüberliegenden Flügel. Bereits vor dem Eingang hatte Eckensperger ein Summen – vergleichbar mit einem Bienenschwarm – vernommen, das sich nach dem Öffnen des Schuleingangs zu einem Stimmengewirr verstärkte.

»Wir kommen pünktlich zur 12:00 Uhr-Pause«, entschuldigte sich Pater Kugelblitz, der im Nu von einer neugierigen Schar umringt wurde, die zum Schulbuffet strömte. »Streng genommen sollte ich jetzt in der Stiftskirche beim mittäglichen Stundengebet, der Sext, sein, aber … nun ja, die Pflicht geht vor.«

»Tut mir leid, liebe Kinder«, wandte er sich an seine aufgeregten, kleinen Freunde, »heute habe ich keine Zeit für einen Zaubertrick. Ich muss unsere Gäste in die 2c bringen.«

»Zaubertrick also?«, raunte Eckensperger interessiert. »Können Sie Chemielaborschlüssel verschwinden und erst Tage später auftauchen lassen?«

Pater Eusebius sah ihn irritiert an und glaubte, eine Erklärung liefern zu müssen.

»Ich war vor kurzem wie jedes Jahr als Administrator im Rahmen der Schullaufbahnberatung bei den Volksschulviertklässlern, um für den Verbleib am Standort in unserem Gymnasium zu werben. Für einen kindgemäßen Einstieg habe ich ein paar Kunststücke gebracht. Das sichert einem die Aufmerksamkeit und verstärkt nachhaltig die Merkbarkeit des Gesagten. Mit PowerPoint Präsentationen und Spielereien auf dem elektronischen Whiteboard sind die Kleinen richtiggehend

›überfüttert‹. Ich setze auf Altbewährtes wie direkte Kommunikation, Humor und kindliches Staunen. Na, so was! Was haben wir denn da?«

Pater Eusebius hatte sich im Gehen zu Nicole hinübergebeugt und ihr hinter dem Ohr eine rote Papierrose hervorge›zaubert‹.

»Damit Sie bei ›Rot‹ nicht nur an Blut denken!«, flötete er galant. »Und hier sind wir bereits am Ziel.«

In der 2c wurlte es erheblich.

Gleich beim Eintreten traf Eckensperger ein abgelutschtes Papierkügelchen an der Schläfe, Nicole wäre fast auf einer Wasserspur ausgerutscht, die sich vom Waschbecken in der vorderen Ecke zur Tafel zog. Kinder hopsten zwischen den Tischen, zwei Buben stritten sich um ein Puzzle, drei Mädchen zeigten sich die neuesten Moves eines kreativen Kindertanzes. Der Junge, der die Tafel zu löschen hatte, wurde von zwei anderen geärgert, die immer wieder Kreidestriche in die gewaschene Fläche malten. Eine kleine Rotznase schoss vorgeformte Papiergeschoße aus einem dicken Trinkhalm in alle Richtungen ab. Bei jedem Treffer johlte er zufrieden auf. Am Arm der farb- und kraftlos wirkenden Lehrerin hingen zwei Schülerinnen, die sichtlich einer Mediation in ihrer Auseinandersetzung bedurften. Einzig ein auffällig dicker Knirps saß behäbig an seinem Platz, vor sich eine Stoffserviette ausgebreitet, die reichlich mit ungesunden Leckerbissen zugepflastert war.

Mitten in das Gekichere, Gestreite, Gebrülle und Gequatsche klatschte die Pädagogin drei Mal unentschlossen in die Hände und versuchte, den Lärm mit einem matten »Ruhe bitte, wir haben Gäste!« zu übertönen.

In der Tat wurde es eine Spur manierlicher, mucksmäuschenstill jedoch bei weitem nicht. Gerade einmal so leise, dass man das Schlürfen des Jausengenießers aus seinem nahezu geleerten Kakaopäckchen überdeutlich hören konnte.

»Geht bitte auf eure Plätze. Wir haben hohen Besuch aus dem Gymnasium und von der Polizei. Ich habe euch das schon angekündigt.«

»Wir haben Pause!«, meldete sich ein blonder Frechdachs.

»Ja, genau. Pause!«, wurde er lautstark von ähnlich aufmüpfigen Klassenkameraden unterstützt, während einzelne zu ihren Sitzbänken trotteten, der Tafellöscher die beiden Lästlinge mit dem nassen Schwamm bespritzte und ein Mädchen in Tränen ausbrach.

»Ein Spinatwachter! Haha! Das sagt mein Papa jedes Mal, wenn uns ein Kieberer beim Autofahren aufhält.«

»Karl August, bitte benimm dich«, flehte die Lehrerin vergeblich.

Karl August, der besser Kevin genannt worden wäre, ließ sich nicht beeindrucken.

»Der hat ja überhaupt keine Polizistenkappe. Haben Sie wenigstens einen Revolver, Spinatwachter?«

»Karl August, halte dich zurück oder es gibt doppelte Hausaufgabe für dich!«

»Das ist nicht erlaubt, das sag' ich meinem Papa!«

Die strengere Stimme der Lehrerin, Eckenspergers finsterer Blick und das Einsetzen der schrillen Schulglocke brachte zwei weitere Mädchen zum Weinen, was ihnen ein ›Heulsusen!‹ von einem gelangweilten Burschen aus der letzten Reihe einbrachte.

Der degenerierte Karl August vulgo Kevin kletterte auf seinen Sessel, fuchtelte mit den Armen und schrie mit überkippender Stimme »Spinatwachter, Spinatwachter! Hu hu!«

Bevor die Situation endgültig außer Rand und Band geriet, sprang der routinierte Gymnasialprofessor in die Bresche.

»Frau Kollegin Werner, ich übernehme die Klasse, damit Sie in Ruhe mit den Beamten sprechen können. Und ihr«, wandte er sich an die aufgeweckte Rasselbande, »ihr benehmt euch auf der Stelle so, wie man es sich von Schülerinnen und Schülern eines Privatgymna… äh … einer Privatschule erwarten kann. Ausnahmslos alle auf den Platz, die Pause ist aus. Wir machen jetzt ein Rechenquiz: Wer kann mir die kleinste zweistellige Zahl nennen? Und du, Karl August, runter vom Stuhl und hingesetzt, andernfalls rede ich mit deinem Herrn Papa und du hast für den Rest der Stunde einen Stehplatz! Nun, wer weiß …«

Eckensperger flüchtete wie auf Kommando aus der Klasse, begleitet von seiner amüsiert schmunzelnden Hilfskraft und der aufgelösten Klassenlehrerin. Diese steuerte auf eine Sitzgruppe in Zwergenformat in der Pausenhalle zu. Vorsichtig ließ sich Eckensperger auf einem der Hocker gegenüber von Heike Werner nieder.

Dann zog er seine Notizen hervor, musterte die Lehrerin und begann nachdenklich: »Sie wurden bereits informiert?«

Die blasse Frau wirkte zwar angespannt, aber nicht verunsichert. Sorgfältig strich sie ihren grau-rot karierten Rock glatt, schob eine ihrer aschblonden Haarsträhnen hinter das rechte Ohr und antwortete resigniert: »Ja. Pater Quirin hat mit meiner Direktorin telefoniert. Die hat mir Ihr Kommen angekündigt und mich schonend vom Tod meines ehemaligen Lebensgefährten unterrichtet. Ich wusste nicht, dass unser … unsere Freundschaft bekannt war.«

»Erzählen Sie über Ihre Beziehung zu Magister Thanner. Wann haben Sie beide sich kennengelernt, wie lange waren Sie mit ihm liiert? Wer hat das Verhältnis beendet? Wann haben Sie ihn zuletzt gesehen?«

»Tja, … gesehen habe ich ihn zuletzt vorige Woche, zufällig, auf dem Parkplatz. Kann Mittwoch gewesen sein. Oder nein, doch Donnerstag, denn ich hatte die Gitarre für die Chorstunde am Nachmittag dabei. Simon hat sie mir abgenommen, ich musste zusätzlich einen Stoß Hefte und einen Sack Äpfel tragen. Wir haben kurz geplaudert. Er war wie immer. Wenig gesprächig, ernst, jedoch nicht niedergeschlagen oder bedrückt. Ich bin mir sicher, er hatte keine Feinde im klassischen Sinn und hundertprozentig keine Selbstmordgedanken. Dazu hatte er noch zu viele Reisepläne.«

»Gut so. Nun zu Ihrem Kennenlernen.«

»Das war vor ungefähr acht Jahren. Ich war neu in der Stadt, auch neu in der Schule und habe Anschluss gesucht. Aus diesem Grund bin ich zu seinen Filmvorträgen gegangen, die im Lehrerzimmer ausgehängt waren. Die meisten Besucher kamen zu zweit oder in Grüppchen und blieben unter sich. Deshalb habe ich mich in der Pause und am Ende der Veranstaltungen mit ihm unterhalten. Nach dem dritten Mal haben wir ein Glas Wein beim nahen Italiener getrunken, dabei verabredeten wir uns fürs darauffolgende Wochenende. Ein Ausflug in einen Tierpark unweit der Stadt und Mittagessen in einem Landgasthof. Simon hat mich mit seinem Fachwissen beeindruckt. Erst zwei Monate später hat das, was man ein Verhältnis nennt, begonnen. Zusammengezogen sind wir nie. Er hat sich stets, recht fadenscheinig meiner Ansicht nach, auf seine Haushälterin, die Pauline, ausgeredet. Wobei ich mir beizeiten dachte, da steckt mehr dahinter. Hie und da hat er bei mir übernachtet … Interessiert Sie das tatsächlich, Herr Inspektor?«

Frau Werner war unsicher geworden. Womöglich, weil Eckensperger lediglich sporadisch Notizen auf seinen Block krakelte.

»Fahren Sie ruhig fort, ich unterbreche schon, sobald mir Fragwürdiges auffällt.«

»Etliche Male waren wir gemeinsam auf Urlaub. Zuerst Griechenland auf meinen Wunsch hin, danach weiter weg … Karibik, Antigua, um es konkret zu sagen, und Grenada. Einmal von Sydney nach Tuvalu, das Jahr darauf ins Königreich Bhutan. Hat mir besonders gut gefallen, kaum Touristen und alles herrlich entschleunigt. Zuletzt auf Kuba.«

»Was hat denn Ihre Idylle schlussendlich gestört?«

»Da gab es unterschiedliche Gründe aus meiner Sicht: Zunächst hat er generell ein wenig Angst vor zu viel Nähe gehabt, vermute ich. Vom Heiraten hat er niemals gesprochen und in Gesellschaft hat er sich unbehaglich gefühlt. Ich habe öfters Anläufe unternommen, mit anderen Paaren auszugehen, Gäste einzuladen, aber das war nicht Seins. Nach zwei, drei Jahren tauchte dieser komische Freund, Wolfram Irgendwie, aus der

Versenkung auf. Der war mir von Anfang an suspekt. Ein abstoßender Mensch und Aufschneider, obwohl er ständig pleite war, fast zwielichtig. Der hat ganz bewusst Keile in meine Freundschaft mit Simon getrieben, ihn von mir abgezogen. Hat mehrere Reisen mit ihm unternommen oder spätabends angerufen. Daraufhin ist er jedes Mal bei Simon auf der Matte gestanden und mit ihm in sein Arbeitszimmer verschwunden, in das ich nicht hineindurfte – angeblich unaufgeräumt. Kam mir eigenartig vor, aber jeder hat so seinen Spleen. Irgendwann hab' ich beschlossen ›Entweder der oder ich‹. Und außerdem war da noch diese … diese …«

Eckensperger wollte gern einiges zum dubiosen Freund nachfragen, ließ Heike dann trotzdem ihr Herz ausschütten.

»… diese Öko-Hexe. Wenn's nach der gegangen wäre, hätten alle nur mehr zu Fuß oder bestenfalls per Fahrrad zur Schule kommen dürfen. Über meine Lederjacke ist sie hergezogen und Simons Fernreisen hat sie schlechtgemacht. Von wegen ökologischem Fußabdruck, Umweltbewusstsein, Schöpfungsverantwortung … damit hat sie natürlich bei den Kirchenbrüdern gepunktet und den Simon als Feindbild aufgebaut. Immer ruhiger ist er geworden, in sich gekehrter, hat seine Filmabende aufgegeben, statt ihr ein einziges Mal entgegenzutreten und sie in ihre Schranken zu weisen.«

»Könnten Sie sich vorstellen, dass einer von beiden diese Botschaft verfasst hat?«

Der Kommissar hielt Frau Werner den Zettel mit der Drohung hin. Die schüttelte stumm den Kopf.

»Vom Wortlaut her wäre eine solche Scheußlichkeit der Möchtegern-Aktivistin durchaus zuzutrauen. Die scheut allerdings nicht die direkte Kontroverse, und die Schrift passt nicht zu ihr. Viel zu harmonisch und akkurat. Ich war's übrigens auch nicht«, setzte sie kraftlos hinzu, »aber das sagen gewiss alle.«

»Wir werden demnächst einen genauen Schriftvergleich vornehmen lassen. Nach einem kurzen Blick auf Ihre Notizen auf dem Lehrertisch habe ich Sie als Urheberin jedoch weitgehend ausgeschlossen.«

Heike schwieg erschöpft und sichtlich betrübt. Schließlich raffte sie sich zu einem Abschluss auf.

»Das war dann nicht mehr der Mann, mit dem ich mir eine Zukunft aufbauen wollte. An meinem vierunddreißigsten Geburtstag vor zwei Jahren sind wir noch miteinander essen gegangen. Simon war ziemlich geistesabwesend, hatte nicht einmal ein Geschenk dabei und mir knapp eröffnet, dass er im Sommer fünf Wochen mit dem Wolfram unterwegs sein wird. Das hat mir gereicht. Ich habe mein Essen selbst bezahlt und zu Hause mit einer Flasche Rotwein, die mir unsere Direktorin geschenkt hat, auf mich und alle unglücklichen Frauen angestoßen. Eine Woche später holte ich mir an einem von Simons langen Schultagen meine paar Sachen aus seiner Wohnung und übergab seine Habseligkeiten der Haushälterin. Die ist die ganze Zeit neben mir gestanden, als plante ich, das Tafelsilber davonzutragen. Heute bin ich froh über meine Entscheidung, obwohl es am Anfang nicht leicht für mich war. Ich bin dem Simon doch immer wieder, oft unvermutet, begegnet. Und die Nachfragen von der Kollegenschaft waren ebenfalls unangenehm. Nun ja, Schnee von gestern. Und jetzt ist er tot. Das tut mir leid. … Ich sollte beizeiten zurück zu den Kindern …«

Sie erwog das unsicher und unbestimmt, wie Eckensperger sie bereits in der Klasse erlebt hatte. Eine kontaktarme Frau mit wenig Durchsetzungskraft, geringer Ausstrahlung und mangelndem Esprit auf der Suche nach einem festen Lebenspartner und klassischem Familienglück. Eine, die den falschen Beruf gewählt hatte und ihrem Traummann womöglich nie begegnen würde.

Gleichzeitig eine Giftmörderin?

Eher nicht nach der Einschätzung des Kommissars. Andererseits hielt sich seine diesbezügliche Erfahrung in Grenzen. Langsam tauchte er aus seinen Überlegungen auf und registrierte den abwartenden Blick seines Gegenübers.

»Zu den Kindern zurück … verstehe. Gehen Sie ruhig! Für's erste reicht es, wenn Sie mir sagen können, wo ich die Haushälterin sowie den fragwürdigen Herrn Wolfram erreichen kann. Und die vollständigen Namen bräuchte ich auch noch.«

Heast as net

Im Kommissariat hatte es sich Sebastian Seiler mit den aktuellen Tageszeitungen auf seinem Platz bequem gemacht. Füße auf dem Tisch, eine Schale Kaffee in Griffweite und Musik aus dem Online-Radio.

Die chillige Stimmung änderte sich mit dem Eintreffen seines Vorgesetzten und Nicole im Schlepptau.

»Seiler, haben Ihnen zwei Wochen Urlaub nicht gereicht? Oder klappern Sie die Anzeigen in den Morgenblättern nach Arbeitsaufträgen ab? Warum sieht es hier aus wie im Ferienlager?«

»Weil ich Sie nicht so bald zurückerwartet habe, Chef«, flachste der ausgefuchste, rotblonde Beamte, der selten um eine Antwort verlegen war.

»Ich hätte da schon was zu tun für Sie! Soeben hat mir Frau Werner die Nachnamen zweier wichtiger Zeugen im aktuellen Ermittlungsfall gesimst. Umfassende Recherche zu Pauline Kratochwil, ihres Zeichens Haushälterin unseres jüngsten Mordopfers, und zu Wolfram Paschinger, einem verdächtigen Freund desselben. Den bestellen Sie hierher und achten darauf, dass er seinem Namen keine Ehre macht und abpascht. Ich muss möglichst rasch die Wohnung unseres Opfers inspizieren. Deshalb kontaktieren Sie im Anschluss umgehend die Haushaltshilfe. Sie soll mich als Schlüsseldienst *vor* der Wohnungstür des Toten, Professor Thanner vom hiesigen Privatgymnasium, empfangen. Damit uns die Mamsell nicht eventuelle Spuren entfernt in einem Anfall plötzlicher Putzwut. Hopp, hopp, nehmen Sie die Beine herunter und in die Hand. Beziehungsweise das Telefon. Avanti, avanti, falls Sie noch im Urlaubssprachmodus sind! Und kein Wort von Mord an die beiden, nur nebulos von einer Zeugenbefragung …«

»Und Zeuginbefragung …«

»Danke, Fräulein Sedlacek, immer hilfreich bis in die Fingerspitzen! Also lediglich vage in diese Richtung informieren. Ich sollte dringend unseren Mediziner aufsuchen …«

»Muss ich mir Sorgen machen? Geht es Ihnen nicht gut? Fehlt Ihnen was?«, scherzte Seiler.

»Ja, ein ernsthafter, brauchbarer Mitarbeiter. Wie soll es mir mit Ihnen gut gehen?«

»Oha! Mich braucht jeder. Zumindest behaupten alle, ich hätte ihnen gerade noch gefehlt.«

Im Gegensatz zu seiner Kollegin hatte Seiler jede Bemühung um Respekt seitens seines Dienstgebers in den Wind geschrieben. Er nahm den rauen Umgangston gelassen hin beziehungsweise parierte Untergriffe mit flapsigen Bemerkungen, die alsbald für lockerere Stimmung sorgten.

»Nicht, dass Besuche in der Pathologie zu meinem Wohlbefinden beitragen, aber ein persönliches Gespräch mit dem Willibald bringt mehr und ist zeitsparender, als sein fachchinesisches Gutachten im Computer nachzulesen. Sie, Nicole, fassen unsere vormittäglichen Gespräche zusammen …«

»Wird prompt erledigt«, fiel die Angesprochene ihrem Chef ins Wort. »Der Bericht wird parallel ein ›Was bisher geschah‹ für Seiler, sonst blickt der Arme überhaupt nicht durch. Und anschließend prüfe ich dich ab, Sebastian, haha. Irgendwie hat die Schulatmosphäre auf mich abgefärbt.«

Ein unschlüssiges Klopfen an der Tür.

»Falls das unsere neue Assistentin ist, die wieder einmal nicht weiß, ob sie rein will und was zu sagen hat oder nicht, schieß' ich sie durch Sonne und Mond. Die ist ja komplett daneben.«

»I wo, Boss, da geht noch was!«, witzelte Seiler.

Nicole sprintete zur Tür und fing die schüchterne Praktikantin ab, bevor die beiden Machos sie mit einer zynischen Belehrung willkommen heißen konnten.

»Tut mir leid, aber das Telefon steht nicht still!«

»Dann binden Sie es meinetwegen an! Oder verabreichen Sie ihm eine Narkose!«

Eckensperger war in Fahrt.

»Nein, ich meine ... es läutet ... nahezu ununterbrochen. Die Medien habe ich vertröstet und an die Pressestelle verwiesen, wie Sie es mir eingeschärft haben, obwohl einige ausdrücklich den Herrn Hauptkommissar verlangten. Vor drei Minuten hat überdies der Herr Polizeidirektor angerufen und ausrichten lassen, sie sollen ihn baldmöglichst mit einem Besuch beehren.«

»Der glaubt auch jedes Mal, wir sind flotter im Aufklären, wenn er mir meine Zeit stiehlt, der alte ...«

»Soviel mir bekannt ist, sind Sie in etwa derselbe Jahrgang«, meldete sich Sebastian ungebührlich zu Wort, widmete sich jedoch sogleich seinem Gesprächspartner am Telefon, um die befürchtete, unwirsche Reaktion abzuwehren.

Vergeblich!

»Danke, Seiler, Sie ... ach, was! Immer hilfreich bis unter die schmutzigen Fingernägel. Im Übrigen sind das keine Stirnfalten bei mir, die mich älter aussehen lassen, sondern Sixpacks vom Denken!«

Sabine Hofstädter stand unschlüssig im Raum, blickte besorgt von einem zum anderen und versuchte es mit einem vorsichtigen: »Was soll ich der Vorzimmerdame vom Herrn Polizeidirektor nun antworten?«

»Dass ich demnächst bei ihm vorbeischaue. Erst Gerichtsmedizin, von dort Fahrt in die Kommandozentrale zum Herrn Wichtig, der nichts besser kann, dafür alles besser weiß und am Rückweg würde ich gern die Thanner'sche Wohnung unter die Lupe nehmen sowie seine Haushaltshilfe sprechen. Sollte Gehirnakrobat Seiler Ergebnisse zusammenbringen und nicht nur verzichtbare Anspielungen auf mein Alter auf Lager haben … «

»In Kürze, Boss! Alles im Laufen. Viel Spaß beim ›Allmächtigen‹. Die Adresse und Uhrzeit zum Rendezvous mit der Perle schicke ich Ihnen aufs Handy. Den Paschinger hab' ich schon einbestellt.«

Wer auf ein »Gut so« spekulierte, tat dies vergebens. Aber die fällige, abfällige Anmerkung zum Verhalten von Frau Hofstädter folgte wie das ›Amen‹ im Gebet der Stiftsbrüder.

»Sie sind entlassen – aus dem Zimmer vorerst. Und machen Sie schleunigst einen Schnellsiedekurs in ›Wie klopfe ich hörbar an‹, sofern Sie Ihren Praktikumsplatz behalten wollen!«

»Der Herr Amtsdirektor wäre jetzt frei.«

Eckensperger folgte der gekünstelten Handbewegung der stark geschminkten Chefsekretärin und betrat das imposante Büro seines Vorgesetzten.

Dieser hatte sich am Kaminsims theatralisch in Pose geworfen. In seiner ungestümen, absolut nicht devoten

Art begann der – im doppelten Sinn des Wortes – Geladene das Gespräch.

»Ich kann mir denken, warum du mich herzitierst und vom Ermitteln abhältst! Beschwerde von der Diözese, von einer Frau Magister Wichtig oder vom ›Oberrabbiner‹ persönlich …«

»Gernot, wie er leibt und lebt. Mit der Tür ins Haus, mit dem Kopf durch die Wand und mit mindestens einem Fuß im Fettnäpfchen. Beruhige dich, alter Freund.«

»Da gibt's nichts zu beruhigen. Ich habe einen frischen Mord und eine Menge Fährten, denen ich nachgehen muss. Oder ziehst du mich von diesem Fall ab?«

»Sollte ich? Hast du dich danebenbenommen?«

»Nicht, dass ich wüsste! Eigentlich wurde ich gut erzogen. Nicht die leiseste Ahnung, was danach passiert ist. Vielleicht liegt es am Umgang mit dir während der Ausbildung?«

»Gut! Hast du hiermit diese Verantwortung bei mir abgeladen. Zurück zum Wesentlichen: Klarerweise will ich den aktuellen Fall mit dir erörtern …«

»Nun, die erwähnte ›Dame‹ wird sich schon gehörig über mich und meine Arbeitsweise beschwert haben. Immerhin kennt sie unseren Innenminister …«

»Den kennt bald wer! Die entscheidende Frage ist ja: Kennt er sie? … Unheimlich engagiert wie üblich, der Kollege Eckensperger und kein bisschen konfliktscheu. Leider auch kein bisschen diplomatisch. Wie ein Elefant im Porzellanladen.«

»Besser als ein Igel in einer Kondomfabrik.«

Das Gesicht des Polizeidirektors entspannte sich zu einem leichten Schmunzeln. Allerdings nur kurz.

Eckensperger konnte seinen Retourkutschenvergleich beim besten Willen nicht im Zaum halten.

»Nicht jeder kann ein Pfau am Kamin sein. Da bin ich lieber ein Elefant …«

»Ecki, ich kann auch anders!«

»Ein Mal noch ›Ecki‹, und ich nenne dich bei dem Namen, mit dem dich die von dir ›angegriffenen‹ Mädels in der Polizeikantine ausgezeichnet haben!«

Sichtlich irritiert ruderte der in die Ecke Getriebene zurück.

»Zum Dienstlichen: *Ich* kann mir solch ungestümes Agieren nicht leisten, aber du, du alter Dickschädel, … bleib' ruhig dabei … und nein, es hat sich keineswegs jemand beschwert. Wenigstens ist mir davon bislang nichts zu Ohren gekommen. Ich wollte dich einzig und allein darauf hinweisen – vergeblich wie immer, das ist mir völlig bewusst – verhalte dich taktisch klug und vorsichtig! Deine Untersuchungen werden bestimmt mit Argusaugen beobachtet. Fehler darfst du dir nicht erlauben. Da distanziere ich mich sofort von deiner Vorgehensweise. Und, bevor du mich gleich anfährst: Das ist keine Drohung, sondern ein gutgemeinter Hinweis. In der Elternschaft des Privatgymnasiums wimmelt es nur so von Rechtsanwälten, Juristen und was weiß ich für welchen Akademikern, die selbstverständlich alle rechtsschutzversichert sind. Obendrein besucht der Nachzügler unseres schärfsten Staatsanwalts, Karl August Landermann, die Volksschule im Thomasianum.«

»So, so! Karl August?«

Eckensperger erfasste enorme Genugtuung bei der Erinnerung an Karl August junior.

»Hoffentlich hat der Herr Staatsanwalt einen robusten Nussknacker. Der Sohnemann wird ihm garantiert manch harte Nuss zum Knacken aufgeben«, freute er sich innerlich.

Laut bemerkte er mit nasalem Unterton: »Samthandschuhe gehören in diesem Fall quasi zu meiner Ausgehuniform. Auch eine Wagenladung Watte zum Einpacken aller Zeugen in den Vernehmungen habe ich stets dabei. Noch was?«

»Wie weit seid ihr bisher?«

»Erste Befragungen im beruflichen Umfeld. Ganz vorsichtig logischerweise, damit sich niemand auf den Schlips, besser gesagt auf die Kutte getreten fühlt. Nach meinem Pflichtbesuch hier wird der private Umkreis unter die Lupe genommen. Derzeitiger Stand der Dinge: ergebnisoffen.«

»Darf ich dich ersuchen, meine Anweisung ernst zu nehmen?«

»*An*weisung also? Ich dachte, es wäre ein *Hin*weis?«, Eckensperger steuerte gekonnt und ohne anzuhalten auf einen weiteren Eklat zu. »Wenn du was zum Verbiegen suchst, nimm' dir eine Büroklammer! Ich bin dazu nicht geeignet. Oder soll ich in diesem Fall doch konfliktscheu werden und alle Verdächtigen im Umfeld des vornehmen Instituts außen vor lassen? Vor Staatsanwälten, Richtern und Juristen den Schwanz einziehen und nicht wie gewohnt in alle, ich betone ALLE, Richtungen ermitteln?«

»Kollege Eckensperger, mäßige dich in Ton und Lautstärke und dreh' mir nicht das Wort im Mund um! Dann verrate mir, weshalb ich dich nicht auf der Stelle hinauswerfe und dir – um in deinem Jargon zu sprechen – zur Beschleunigung einen ordentlichen Tritt in den Hintern verpasse?«

»Das liegt vermutlich an meinem unwiderstehlichen Charme, meiner grenzenlosen Loyalität, meiner Aufklärungsrate und zu einem Großteil an meinem Kenntnisstand um Interna, die du nicht gern verbreitet haben möchtest.«

»Hinaus, bevor ich mir das mit dem Abziehen von diesem Fall noch überlege!«

Eckensperger grinste.

Es gefiel ihm immer wieder, seinen Vorgesetzten aus dessen Komfortzone und anmaßender Selbstdarstellung herauszulocken. Gewissermaßen, um ihm zu demonstrieren, wie wenig sie sich in puncto Unbeherrschtheit und derber Ausdrucksweise vorzuwerfen hatten. Selbst, wenn sein ehemaliger Ausbildungsgenosse jetzt in Designeranzügen und mit großspurigem Gehabe auftrat.

»Bin schon draußen! Und, um zu demonstrieren, wie positiv das Ermittlungsumfeld auf mich abfärbt: Der liebe Gott möge dich erhalten ...«

Danach schloss er rasch die Tür von außen, sodass das abschließende »... und zwar möglichst bald, Herr Polizeidirektor, vulgo ›Schweindi‹. Der Name bleibt an dir kleben wie dein aufdringliches Rasierwasser!« für seinen Gesprächspartner unhörbar blieb. Das machte einen Tag zum perfekten Tag wie ein Hühnerauge an jeder Zehe in zu engen Schuhen – eine Vorladung zum ›Gottobersten‹.

Eckenspergers Bonus war sein phänomenales Gedächtnis. Im Doppelpack mit der gemeinsamen Vergangenheit mit dem Polizeichef bildete es einen zuverlässigen Schutzschild gegen dessen Angriffigkeiten. Deshalb beließ es der Polizeidirektor bei subtilen Drohungen und vagen Andeutungen gegenüber seinem unbeugsamen Kommissar.

Dass sein Chef nach wie vor direkt an einem Fall arbeiten wollte, glaubte ihm Eckensperger keineswegs. Dazu hatte es sich der frühere Kamerad zu behaglich am Tisch der Einflussreichen und Großkopferten eingerichtet. Und seine mondäne Ehefrau käme mit dem Gehalt eines mittleren Dienstgrads gewiss nicht mehr aus.

Vor sich hin pfeifend schritt Eckensperger an den beiden Vorzimmerdamen mit dem Hauch eines Kopfnickens vorbei.

Die Nachricht von Seiler, seinem vorwitzigen, sommersprossigen Mitarbeiter, schickte ihn in die Reichenberggasse 47, zweiter Stock, Tür elf, zur bisherigen Wohnadresse von Magister Thanner, bevor es sich dieser in einer Kühlnische im Keller der Universitätsklinik heimelig gemacht hatte.

Küss die Hand schöne Frau

»Seiler, Sie Gehirnakrobat«, blaffte Eckensperger ungeduldig in sein Smartphone. »Sind Sie sicher, dass Sie mir die korrekte Zeit durchgegeben haben? Ich stehe mir seit Minuten vor der Mordopferwohnung die Füße in den Bauch, und von der Putztante ist weit und breit nichts zu sehen. Wenn ich nicht wüsste, dass das Haus aus den 1920ern stammt, könnte man annehmen, ich hätte die Steinfliesen hier so abgetreten.«

»Sorry, ich vergaß: Frau Kratochwil war bereits vor Ort, als ich sie telefonisch erreichte. Ich habe ihr eingeschärft, nichts zu berühren und auf Sie zu warten. Haben Sie nicht angeläutet?«

»Ich pflege nicht an Türen von Mordopfern zu klingeln. Die machen so selten auf! Schicken Sie mir unverzüglich Nicole her, und üben Sie schon mal eine ausgefeilte Entschuldigung in demutsvoller Haltung ein.«

Noch bevor der Kommissar die Glocke von Nummer elf betätigen konnte, wurde die Tür von innen aufgerissen und eine resolute Frauenstimme fuhr ihn an: »Was fällt Ihnen ein, im Stiegenhaus einen solchen Krach zu veranstalten? Was soll das Spektakel?«

Eckensperger nestelte seinen Dienstausweis hervor und hielt ihn der untersetzten Dame in Kittelkleid und Schürze vor die Nase. Die hellrot gefärbten Haare – allerdings mit deutlich sichtbarem Grau am Ansatz und den Schläfen – passten zu ihren angriffslustig funkelnden Augen.

»Wir sind verabredet«, begann er. »Dummerweise hat mir mein Kollege nicht gesagt, dass Sie …«

Weiter kam er nicht.

»Kein Grund, dermaßen zu brüllen. Schuhe abputzen! Ist denn das die Möglichkeit? Wir sind ja hier nicht in einem Kino oder Bordell, wo jeder einfach mit Straßenschuhen reinlatschen kann. Dort sind Gästepantoffel. Das ist ein sauberer Haushalt!«

»Sagen Sie bloß, Sie haben gewischt, bevor ich kam?«

»Darauf können Sie Gift nehmen. Und zwar hunderte Male. Heute noch nicht, weil mich Ihr Adjutant ausgesucht freundlich darum gebeten hat. Der hatte Manieren im Gegensatz zu Ihnen!«

»Frau Kratochwil, es ist nicht auszuschließen, dass hier bald ein ganzer Trupp durch diese mustergültig geputzte Wohnung marschiert, natürlich in Schutzanzügen und mit Plastikhüllen über den Schuhen, aber ich ziehe mir grundsätzlich die meinen nicht aus. Abgestriffen habe ich sie mehrmals. Und jetzt lassen Sie mich hinein!«

Die Haushälterin antwortete mit einer ungehaltenen Kopfbewegung und seufzte tief auf. Dann machte sie gerade so viel Platz, dass Eckensperger sich an ihr vorbei in den dunklen Eingangsbereich pressen konnte. Klein beigeben war noch nie das Ihre gewesen. Dazu hatte Pauline Kratochwil zu viel erlebt, sich als Ledige auf die Füße stellen, ihr Recht einfordern, sich behaupten müssen. Argwöhnisch beobachtete sie, wie der Polizeibeamte schnurstracks in das angrenzende Wohnzimmer schritt, wieder heraustrat und einen Blick in die Küche, die ebenfalls vom Vorraum zugängig war, warf.

»Ich gehe davon aus, Sie sind allein? Informieren Sie mich, wie lange Sie bereits hier sind und was Sie seit ihrer Ankunft gemacht haben, welche Zimmer Sie betreten und welche Gegenstände Sie berührt haben.«

»So, mal überlegen ... Kurz nachdem ich wie jeden Dienstag gegen 14:00 Uhr hier eingetroffen bin, hat sich Ihr Kollege gemeldet. Zuvor habe ich mir nur den Mantel ausgezogen, meine Hände gewaschen, die Schürze umgebunden, Kaffee aufgesetzt und die elektronische Küchenwaage herausgestellt. Ein großartiges Stück. Könnte ich mir nie leisten. Dazwischen hat mein Neffe angerufen. Gottlieb, ein charmanter junger Mann, Sohn meiner jüngeren Schwester, Gerlinde Frank, geborene Kratochwil.«

Sie äußerte das in einem Ton, als hätte die Schwester mit dem Verzicht auf den wohlklingenden Nachnamen zugleich ihre Identität und den Schutz der Familienbande aufgegeben. Dem Sprössling hingegen schien Pauline innig verbunden.

»Ich bin seine Paten- und Lieblingstante«, verkündete sie stolz. »Hat ein wenig Geld gebraucht. Junge Leute in seinem Alter sind immer knapp bei Kasse, überhaupt, wenn sie dabei sind, sich etwas aufzubauen. Die letzten Monate beim Zivildienst hat er nicht wirklich viel verdient. Mein Neffe kommt später auf einen Guglhupf vorbei. Ach richtig, nach dem Anruf vom Gottlieb bin ich nochmals runter, musste ja Geld abheben. 200 Euro vom Bankomaten an der Ecke zur Lorenzstraße. Inzwischen ist der Kaffee durchgeronnen. Ich hab' mich gefragt, was die Polizei von mir in der Wohnung vom Herrn Magister will. Tun sollte ich ja nichts, keinesfalls was angreifen oder aufräumen, obwohl weiß Gott genug zu tun wäre. Den Guglhupf machen schließlich nicht die Heinzelmännchen! Nicht einmal den Geschirrspüler hab' ich ausgeräumt. Den hat der Professor in der Früh eingeschaltet, ordnungsliebend wie er ist.«

»Oder der Giftmörder, um seine Spuren zu beseitigen«, überlegte der gewiefte Ermittler, während Pauline munter weiterplauderte.

»Also hab' ich mich mit meinem Kaffeehäferl dort an den Küchentisch gesetzt, Zeitung gelesen und das Kreuzworträtsel begonnen ... Sagen Sie, kennen Sie ein Folterinstrument mit drei Buchstaben?«

»Ehe«, knurrte Eckensperger.

»Na, Sie sind mir einer. Keine angenehmen Erfahrungen gemacht, was?«

»Hören Sie, gute Frau, *ich* stelle hier die Fragen! Was haben Sie ...?«

»Jetzt hören *Sie* einmal!«

Eckensperger hatte es mit einem hartnäckigen, kampfbereiten und durchaus ebenbürtigen Gegenüber zu tun.

»Zuerst wüsste ich gern, was Sie hier zu suchen haben und zu finden vermuten. Müssen Sie da nicht irgendeinen offiziellen Schrieb vorweisen? Hausdurchsuchung oder so was? Der Herr Professor wird anständig verärgert sein, wenn er davon hört. Was hat er eigentlich ausgefressen?«

»Gute Frau, der Herr Professor ist ...«

»... zurzeit in der Schule, im Chemie- oder Biologiesaal höchstwahrscheinlich, ist mir klar. Dienstag hat er seinen langen Tag, darum komme ich erst spätmittags und nicht wie Montag, Mittwoch und Donnerstag um 9:00 Uhr. Jede Woche das gleiche Hamsterrad ... ha, jetzt weiß ich es ...«, Frau Kratochwil schlug sich mit der flachen Hand auf die Stirn. »Rad heißt das Folterinstrument mit drei Buchstaben. Dann geht sich senkrecht ...«

»Einen langen Tag hab' *ich* heute! Und Magister Thanner ist mitnichten an seinem Arbeitsplatz, sondern in der Pathologie der Gerichtsmedizin! Vom Gymnasium an die Uni in weniger als einer Stunde – so schnell kann's manchmal gehen. Bei Mord ist kein Durchsuchungsbeschluss erforderlich. Gefahr im Verzug heißt das bei uns!«

»In … der … Patho … Pathogie der Kordmommission … Mordkommi…? Das hätten Sie mir aber auch … schonender beibringen können.«

Pauline schleppte sich an den kleinen Küchentisch und ließ sich auf einen der beiden hellblau lackierten Holzsessel niederplumpsen. Dabei fasste sie sich an die Brust und murmelte: »Der Herr Fessor tot … ermordet … Ist denn das die Möglichkeit? Wer tut so etwas?«

»Das will ich ja herausfinden. Beruhigen Sie sich, Frau Kratochwil. Trinken Sie ein Glas Wasser und beantworten Sie danach zügig meine Fragen. Wir verlieren kostbare Zeit.«

»Ein Glas Wasser? Pah! Das glauben Sie doch selbst nicht! Bei Gefahr in Verzug braucht's schon was Kräftigeres!«

Umständlich erhob sich Pauline und holte aus dem Hochschrank neben dem Kühlschrank eine Flasche Klaren hervor.

»Auch ein Gläschen Sliwowitz?«, erkundigte Sie sich sichtlich aufgewühlt und schenkte mit nervöser Hand ein Achtelglas nahezu halbvoll ein. »Ich bin fix und fertig. Was wollten Sie wissen?«

Mit Hilfe des ›Zwetschkernen‹ siegte die angeborene Redseligkeit der Wirtschafterin über ihr ursprüngliches Misstrauen der Polizei gegenüber.

Seit zwölf Jahren sei sie im Haushalt des Professors tätig, regelmäßig vier Mal die Woche. Hauptsächlich zum Putzen, Wäsche waschen und Bügeln, weiters, um Einkäufe zu erledigen und zu kochen. Sie war stets pünktlich bezahlt worden und sei mit ihrem Dienstgeber erstaunlich gut ausgekommen. Der wäre relativ schweigsam gewesen, habe selten Besuch empfangen. Bis vor ein, zwei Jahren wäre er für einige Zeit mit einer Berufskollegin liiert gewesen, die ihrer bescheidenen Meinung nach gar nicht zu ihm gepasst hätte. Zu zaghaft, nicht reif genug und trotz allem recht besitzergreifend. Den meisten Kontakt habe Professor Thanner zuletzt mit einem eigenartigen Freund gehabt, »einem Taugenichts und Tagedieb, wenn Sie mich fragen, dem ich nicht weiter traue, als ich spucken kann«. Mit dem habe er sich meist ins Arbeitszimmer zurückgezogen und »auf wichtig gemacht«.

Die Türglocke unterbrach die angeregte Unterhaltung, was Pauline umgehend zum Auffüllen ihres geleerten Glases nutzte.

»Ich komme mit neuen Erkenntnissen *und* der Spurensicherung!«, verkündete Nicole stolz.

»Wer hat das angeordnet?«

»Der Hausverstand auf dringende Empfehlung von Doktor Weißenthal. Den Einsatz hab' ich selbstverständlich absegnen lassen.«

»Von wem denn?«, bohrte Eckensperger nach.

»Stellen Sie sich vor, sogar über Ihnen gibt es eine Entscheidungsebene«, bemerkte Nicole spitz. »Viel wichtiger aber: Es handelt sich tatsächlich um eine Vergiftung. Keineswegs synthetische Drogen, nach derzeitigem

Wissensstand irgendein exotisches Toxin laut unserem Medizinalrat. Oral verabreicht, die Mundschleimhäute haben ordentlich was abgekriegt. Kann absichtlich oder unbewusst eingenommen worden sein. Unsere Leiche war ja ein Vielgereister … nicht der Tote logischerweise … als er noch lebte, der Thanner …«, kam die eifrige Beamtin einem ironischen Einwurf ihres Vorgesetzten in vorauseilender Wachsamkeit zuvor. » … da kann er giftige Pflanzen, Pilze oder Flechten entdeckt oder erstanden haben? Jetzt ist zu klären, ob es sich um einen Unfall handelt, der Professor demnach experimentiert und versehentlich bei einem Eigenversuch zu viel erwischt hat. Vielleicht wollte er ein Medikament entwickeln oder einen Unkrautvernichter oder anderes, wovon er sich Geld und Ruhm versprach? Oder es war doch Mord. Selbstmord haben Sie vormittags ja dezidiert ausgeschlossen.«

»Wenn ich dann beizeiten ans Rednerpult darf, Fräulein Plaudertasche? Tolle Theorien, erbärmlich spärliche Indizien, von Beweisen spreche ich gar nicht. Jedenfalls genug zu ermitteln. Ich schau' mir vorab das Arbeitszimmer an, im Anschluss lass' ich die Spurenheinis von der Kriminaltechnik dort ans Werk. *Sie* haben ein Auge auf unsere Zeugin in der Küche, die setzt sich grad heftig für den Umweltschutz ein und trennt Alkohol von Glas.«

Erneut läutete es an der Tür.

Diesmal war es Herr Frank, der Lieblingsneffe. Mit entschieden guten Manieren, jedoch deutlich mehr Interesse an den Moneten seiner Tante als an ihrer Person. Da nützte sein ganzes Charmefeuerwerk von wegen »Gutes Tantchen«, »Du warst und bist die Allerbeste«

und »Reg' dich bitte nicht zu stark auf, das schadet deinem Herz!« wenig.

Sobald er das Geld erhalten hatte, verabschiedete sich der junge Mann überstürzt: »Natürlich hätte ich mich auf deinen Guglhupf gefreut, aber hier ist ja der Teufel los. Ich verstehe sehr gut, dass du nichts backen konntest, ich will soundso eiligst weiter. Die Geschäfte, du weißt. Dein Geld arbeitet im Grunde genommen schon für dich und wird dir selbstverständlich mit Zins und Zinseszinsen zurückerstattet.«

Gottlieb klopfte auf die Hosentasche mit den beiden Banknoten.

»Jetzt bin ich wirklich dahin. Pass gut auf dich auf, Lieblingstantchen. Stärkungstropfen nicht vergessen! Bussi, Bussi!«

Eckensperger, der seine Überprüfung unterbrochen hatte, um den Neffen in Augenschein zu nehmen, und Nicole sahen sich vielsagend an.

»Gut, dass wir weder Diebstahl noch Neffentrick untersuchen, Chef. Da hätte ich einen heißen Anwärter. Den Hauptdienstgeber seiner Tante bringt *der* dagegen nicht um. Dadurch würde ja eine verlässliche Geldquelle versiegen. In ihrem Alter kriegt die so schnell keinen Job mehr.«

»Das sehe ich genauso. Leider schrumpft die Zahl der Verdächtigen drastischer als das Gletschereis: Frau Kratochwil war von der Todesnachricht ehrlich schockiert und hat meiner Einschätzung nach ebenfalls kein relevantes Motiv. Außer der Professor hat im Stiegenhaus gelärmt und sich die Schuhe nicht gründlich abgeputzt«, fasste der Kommissar nach dem Abgang von Gottlieb Frank mit feiner Ironie zusammen. »Allerdings hätte sie in diesem Fall wohl eher mit dem Besen oder Nudelholz auf ihn eingedroschen. Wie die obligatorische, weibliche Giftmörderin wirkt die Kratochwil nicht auf mich …«

»Das ist bezeichnend für Sie, Sie Macho. Sobald es um niederträchtige Verbrechen geht, muss man das Gendern von Ihnen nicht einzufordern. Da tun Sie es von allein und gleich doppelt.«

Nicole musste ihrem Ärger Luft verschaffen, Eckensperger hingegen überging ihren Einwurf wie so oft.

»Wir können die Perle gern nach Hause schicken, bevor sie zu viele ›Stärkungstropfen‹ einwirft und nicht mehr gehtüchtig ist. Für den Schlüssel bekommt sie eine Quittung, ihre Telefonnummer haben wir. Bringen Sie sie hinaus, Nicole, und danach zeige ich Ihnen meine Entdeckung im Geheimlabor des Professors.«

Flamenco Turistico

»Igitt!«, stieß Nicole schrill aus. »Da hätten Sie mich auch dezent darauf vorbereiten können, Chef!«

»Derartiges habe ich heute schon einmal gehört. Verdammt, ich bin kein Diplomat, sondern ein Kriminalbeamter. Und Sie sollten generell mit dem Schlimmsten rechnen. Also, was halten Sie davon?«

Die junge Polizistin ließ ihren Blick über die dicht aneinander und übereinander aufgebauten Kisten, Terrarien, Käfige und Aquarien wandern.

»Abwegiges Hobby? Exotische Sammelleidenschaft? Nebengeschäft? Alles ist möglich, heißt es so treffend. Etwas geruchsintensiv trotz Abluftanlage und absolut verdächtig. Auf jeden Fall müssen wir neben den ›niedlichen‹ Tierchen gleichermaßen die Unterlagen und Bankverbindungen des Professors überprüfen. Wenn er einen Handel mit seinen Spinnen, Leguanen, Fröschen und ähnlich netten Krabblern betrieben hat, werden sich Kundendaten finden lassen. Gut vorstellbar, dass er sich im Zuge illegaler Zucht- und Verkaufspraktiken mit den Falschen eingelassen hat. Erpressung, Geldwäsche, Gier … Ihnen fallen sicher zusätzliche Mordmotive in diesem Zusammenhang ein. Außerdem wird ein Experte nötig sein, der klärt, welche der Lieblinge zur Gewinnung von Gift in Frage kommen. Echt gruselig. Was ist überhaupt in all den Schachteln?«

»Noch lange nicht jede geöffnet, aber großteils Riesenmuscheln, Steine, Korallen. Der Professor hat sich jede Menge Andenken von seinen Reisen mitgenommen, nicht alle legal ins Land gebracht, könnte ich mir vorstellen. Ob er damit das große Geld gemacht hat, wird sich zeigen. Die Wohnung ist höchstens durchschnittlich, keineswegs kostspielig eingerichtet, nicht *ein* Maßanzug im Kasten, alles von der Stange. Sein sieben Jahre alter Seat Leon ist genauso wenig eine Luxuskarosse wie seine Uhr ein Prunkstück. Insgesamt durchschnittlicher Lebensstil mit Ausnahme der Fernreisen. *Falls* er Bares lukrierte, hat er es gebunkert oder angelegt. Das lasse ich von einem Sachverständigen überprüfen. Nächste Schritte für uns zwei Hübschen: Sie halten hier die Stellung, bis die Spurenverwüster durch sind, danach versiegeln Sie die Wohnungstür. Ich fahre schleunigst zurück ins Kommissariat. Der Seiler hält dort den Paschinger für mich fest. Ich will nicht, dass der Verdacht schöpft. Die Handyauswertung unseres Opfers weist einen regen Kontakt zwischen ihm und seinem Reisekompagnon bis vor zwei Tagen auf, hernach plötzliche Funkstille. Das muss mir der Kerl näher erklären. Und was er zu den konspirativen Beratungen im Arbeitszimmer sagt, interessiert mich auch mächtig. Davon hat die Schnapsdrossel berichtet, bevor sie einen Doppeltgebrannten nach dem anderen ins Unglück gestürzt hat. Heike Werner machte mittags eine gleichlautende Bemerkung. Erinnern Sie sich? Paschinger, Paschinger, mein linker kleiner Finger meldet sich verdächtig vehement.«

»Kann ich mein Handy zurückhaben? Ich will meine Mails checken.«

»Sie müssen sich nicht wiederholen, ich hab' Ihren Wunsch bereits beim ersten Mal ganz bewusst ignoriert. Sie sind ein wichtiger Zeuge, Herr Paschinger. Ihre Handydaten werden derzeit ausgewertet, nachdem Sie es mir freiwillig überlassen haben. Das kann dauern. Ich weiß, Sie arbeiten Teilzeit als Quälgeist, trotzdem gemach. Sie sterben ja nicht, wenn Sie einige Zeit offline sind!«

Seilers Geduldsfaden war bereits beim Einfädeln gerissen.

Sein Befragungspartner konterte: »Nein, eher an Langeweile. Nach und nach schlafen mir alle Körperteile ein.«

»Die Glücklichen! Ich hätte ebenfalls nichts gegen ein Nachmittagsschläfchen. Ein Kaffee zur Aufmunterung gefällig?«

»Nicht von diesem Automaten auf dem Gang. Die Brühe ist schlaffer als der Händedruck jedes Inzuchtaristokraten.«

»Ansprüche auch noch? Ah! Tag, Boss. Darf ich bekannt machen, Herr Wolfram Paschinger, Sprücheklopfer, Großmaul und Ruhelosigkeit in Person. Das ist Hauptkommissar Eckensperger, Gernot Eckensperger, der Sie jetzt in die Mangel nimmt, während ich mir einen Coffee to go aus dem Bistro hole. Ich hatte nämlich bisher keine Mittagspause. Habe die Ehre!«

»Seiler, Sie Allgemeinbildungsneuling! Wie heißt das Zeug genau, das Sie einwerfen oder vergessen, zu nehmen? Zuerst brauche ich Ihre Niederschrift und eine kurze Inhaltsangabe des Gesprächs. Von wegen Mittagspause, ich weiß gar nicht mehr, wie man das schreibt!«

»Aber mir mangelt es an Allgemeinbildung? Soll ich Ihnen eine Buchstabensuppe aus meiner Pause mitbringen? Hier das dürftige Ergebnis unserer Unterhaltung. Der Herr Paschinger kommuniziert ja lieber mit seinem

Smartphone als mit der Behörde. Das Handy ist bei der Datenauswertung und hoffentlich auskunftsfreudiger. Die Erlaubnis ist schriftlich eingeholt. Liegt da in der neu angelegten Mappe mit ›P‹ wie präpotent. Alles ist selbstversowieso wie gewohnt im Computer dokumentiert und elektronisch abgelegt, damit unsere ›Mordkommission Thomasianum‹ alles einsehen kann. Viel Spaß beim Verhör. Buchstabensuppe oder Wörterbuch?«

»Zweiteres, Sie Chromosomenscherz! Das kann ich Ihnen nämlich an den Kopf werfen. Und nun zu Ihnen, Herr Paschinger …«

Eckensperger war nach dem verbalen Schlagabtausch mit seinem respektlosen Adlatus in geeigneter Laune für die Befragung eines renitenten Zeugen.

Immerhin rückte dieser mit einigen Fakten heraus: Simon Thanner habe er im zarten Alter von 19 beim Wehrdienst kennengelernt, sodann für geraume Zeit aus den Augen verloren und vor fünf Jahren durch Zufall wiedergetroffen.

»Wo, bitte schön, trifft ein Akademiker unerwartet auf einen seit etlichen Jahren arbeitslosen, gelernten Spengler?«, wollte der Kommissar wissen.

»Da wüsste ich mehrere Möglichkeiten, vom Friseur angefangen über Supermarkt bis hin zum Pornoladen. In unserem Fall war es das Internetcafé in der Elisabethallee. Ist des längerem sozusagen mein zweites Zuhause. Ab und zu mit dem einen oder anderen Kumpel abhängen, bisschen gambeln, gamen und so. Strategiespiele hauptsächlich. Simon hatte klarerweise einen edleren Grund für einen Besuch dort. In seinem Häuserblock war das Internet ausgefallen, und er wollte seine nächste Reise mit dem Frühbucher-Rabatt beantragen, deshalb kam er ins Lokal. Hat mich um Unterstützung beim Einloggen gebeten. Ich hab' ihn gleich erkannt. Er war ja der Älteste in unserer Einheit, hat durch sein Studium einen Aufschub gekriegt. Wir haben ihn damals alle ›Herr Geheimrat‹ genannt. Nicht zuletzt, weil er ziemlich verschlossen war und kaum mit uns auf ein Bier oder mehrere gegangen ist.«

Nach dem unvermuteten Wiedersehen war man in Kontakt geblieben. Simon hätte wenig Anschluss gehabt und einen versierten Freund gut brauchen können. Auch auf Reisen. Manchmal sei ein rechter Schwinger eben zielführender als jede Fremdsprache.

Ins Stocken geriet Wolfram Paschinger, sobald die ›Reisesouvenirs‹ im professoralen Nebenraum angesprochen wurden. Doch ausweichende Antworten und Ausflüchte hatten keine Chance gegen Eckenspergers hartnäckiges Nachwassern.

»So spucken Sie's endlich aus! Beide, die langjährige Freundin sowie die Haushälterin haben angegeben, Sie seien im Hause Thanner quasi ein- und ausgegangen und hätten sich häufig gemeinsam mit ihrem Kompagnon ins Arbeitszimmer, oder soll ich sagen in den Privatzoo, zurückgezogen, um dort ihre nächsten Coups zu planen.«

»Wenn der Simon das behauptet, lügt er! Ich habe ihn auf den Touren beschützt und das eine oder andere Mitbringsel für ihn transportiert. Sie können meine Wohnung durchsuchen. Außer eigenhändig gesammelten Muscheln und ein paar gekauften Andenken werden Sie nichts finden. Und jetzt will ich gehen oder einen Anwalt kontaktieren.«

»Fürs Erste sind Sie Zeuge und kein Verdächtiger. Gönnen wir also Ihrem Rechtsverdreher noch ein Weilchen Entspannung auf dem Golfplatz. Wir ermitteln nicht wegen illegaler Urlaubsmitbringsel. Wann haben Sie Herrn Thanner das letzte Mal gesehen?«

»Wieso? Hat er sich vertschüsst?«

»Ja, und zwar endgültig. Und nun reden Sie, bevor Sie tatsächlich einen Anwalt benötigen, weil ich Ihnen nicht nur meine Fragen entgegenschleudere.«

Wie manche Leute es schaffen, sich selbst zu ertragen, blieb dem Kommissar ein Rätsel. Wütend durchbohrte er den widerspenstigen Zeugen mit unbewegter Miene.

»Ist schon gut. Lassen Sie mich nachdenken. Jetzt wär' mein Handy mit dem Kalender hilfreich.«

»Halten Sie den Kopf schief, damit sich das bisschen Hirnschmalz sammelt. Womöglich schaffen Sie es auf diese Weise ohne elektronische Hilfsmittel.«

»Warten Sie, warten Sie …«

»Was soll ich auch anderes tun? Schauen Sie meine Bartstoppeln an. Als ich mich zu Ihnen gesetzt habe, war ich noch frisch rasiert. Ich muss eine Untersuchung leiten, geben Sie Gas!«

Eckenspergers Langmut wurde auf eine harte Probe gestellt.

Das Leben, so heißt es, sei eine unendliche Geduldsprobe. Das allein wäre schlimm genug. Aber dann gab es bestimmte Menschen, die es seiner Meinung nach erheblich und sinnlos erschwerten. Sein Gegenüber gehörte eindeutig zu dieser Kategorie.

Nach geraumer Weile wusste dieser schließlich: Gesehen hatte er Simon zuletzt vor zwei Tagen, am Sonntag, nachmittags, in dessen Wohnung. Etwa ein-

einhalb Stunden hätte das Treffen gedauert. Er habe ein lauwarmes Bier bekommen, Simon ähnlich temperierten Tee getrunken. Sie hätten über *Diverses* geplaudert und sich mit den Worten »Bis Donnerstag!« verabschiedet. Die gesamte Zeit seien sie zu zweit und sein Freund ›wie immer‹ gewesen, weder euphorisch noch bedrückt. Über die Gesprächsinhalte gab Wolfram Paschinger nichts preis.

»Was meinten Sie eigentlich mit ›endgültig vertschüsst‹? Ist er ausgewandert?«, erkundigte sich der Befragte im Gegenzug.

»Nein, er hat einen Abgang gemacht. Den finalen im Holzpyjama, wenn Sie verstehen?«

Selbst Eckenspergers bewusst brutal gewählte Formulierung entlockte seinem Gegenüber keine sichtbaren Emotionen.

»So, so«, befand Paschinger unbeteiligt. »Was passiert jetzt mit seinen Sachen?«

»Ich fasse zusammen«, begann der Abteilungsleiter die frühabendlich angesetzte Fallanalyse. »Wir haben einen reisefreudigen, sammelwütigen, sonst unauffälligen Schulprofessor, der durch irgendein exotisches Gift ums Leben gekommen ist. Unter den derzeitigen Verdächtigen: eine mehrjährige Partnerin, die ihm außer Verschlossenheit und Eheunwilligkeit nichts vorzuwerfen hat, einen Direktor, der mit ihm zufrieden, Kolleginnen und Kollegen, denen er egal war, vielleicht mit Ausnahme der hochengagierten Biorebellin. Ferner Schüler, die ihn ›ganz ok‹ fanden, eine mittlerweile stellenlose, überwuzelte ›Ist denn das die Möglichkeit‹-Haushaltshilfe mit spirituosem Hintergrund plus einem berechnenden Neffen sowie einen arbeitsscheuen, schweigsamen Freund, der sich trotzdem teure Reisen leisten kann. Habe ich jemand vergessen?«

»Sofern Sie Alexa zu den Schül*ern*«, Nicole betonte die zweite Silbe gedehnt, »zählen, sind das alle bisher mehr oder weniger unter die Lupe Genommenen. Meine Verschriftlichung der Befragungen im Thomasianum finden Sie ausgedruckt im Akt und selbstverständlich im PC. Obendrein habe ich Kontakt zu einem Fachmann bezüglich der exotischen Tiere aufgenommen. Der hat mir gleich einen Vortrag über Bartagamen, Geckos, Chamäleons, Riesenkäfer, Vogelspinnen und anderes Getier gehalten. Sobald er sich den Privatzoo angesehen hat, kann er uns Genaueres zu dessen Wert sagen, welche Arten gar nicht eingeführt werden dürfen und – was uns klarerweise am meisten interessiert – ob giftige Exemplare darunter sind.«

»Ich kann noch meine Recherchen zu Frau Kratochwil und Herrn Paschinger beisteuern«, legte Sebastian nach. »Die resolute Pauline hat ein gerichtliches Scharmützel mit ihrem Vermieter, übrigens niemand Geringerer als die Gemeinde, zu Buche stehen. Die hat sie mit Hilfe der Mietervereinigung auf Rückerstattung überhöhter Betriebskostenabrechnungen geklagt und deren Vertreter bei der Verhandlung ziemlich übel beschimpft. Das hat dann wiederum ihr eine Klage eingebracht, und das ihr zugesprochene rückgeforderte Geld ging dafür drauf. Ansonsten liegt nichts vor gegen sie, nicht einmal ein Strafmandat wegen Falschparkens oder Geschwindigkeitsübertretung.«

»Das ist am Alter der Dame gemessen durchaus verwunderlich«, merkte der Kommissar interessiert an.

»*Kein* Wunder, Boss. Sie hatte nie ein Auto.«

»Seiler, Sie … Sie … Clerasiltestgelände! Manchmal könnte ich Sie …«

»Chef, Sie tun ihm unrecht. Das sind Sommersprossen, keine Pickel!«, verteidigte Nicole ihren vorlauten Kollegen.

»Ich fahre fort«, grinste Sebastian. »Nicht mit dem Auto von Frau Kratochwil, das sie nie besaß, sondern mit meinen Ergebnissen. Der Paschinger hat deutlich mehr auf dem Kerbholz. Schulabbrecher, anschließend Lehre in einem Ausbildungsprogramm. Weiterhin keine große Leuchte. Unzuverlässig, aufbrausend und faul – das hat sich in seinen Bewerbungsschreiben nicht gut gemacht. Einige Jahre Anstellung in einem kleinen Betrieb, der in Folge angesichts nachgewiesener Steuerhinterziehung zusperren musste. Seitdem ist Paschinger Dauergast beim Arbeitsmarktservice, meist ohne feste Anstellung, hat dennoch des Öfteren schwarz gewerkt und dazu einige Anzeigen gesammelt. Ferner Verwicklung in eine Internetbetrugssache. Da war er allerdings einer von den kleinen Fischen und hat nur eine bedingte Strafe ausgefasst, weil er gegen den Kopf der Bande ausgesagt hat. Ungefähr zu dieser Zeit traf er Simon Thanner wieder. Ich vermute, der Halbganove war froh, ab und zu vor seinen Schuldeneintreibern ins Ausland abtauchen zu können. Die Handyauswertung habe ich Ihnen vorgelegt. Reger Telefonverkehr bis vor zwei Tagen zwischen Paschinger und Thanner, hingegen kaum nennenswerte Messages. Beim Schreiben wird sich der Paschinger schwergetan haben. Im Kalender sind Besuche bei Thanner vermerkt, nicht regelmäßig, ungefähr sechs, sieben Treffen pro Monat. Sonst keine auffälligen, telefonischen Kontakte – ein paar arbeitslose oder arbeitsscheue Freunde, Sozialberatung, Fast Food Lokale und zwei Wettbüros unter den letzten Anrufen. Zu wenige Verdachtsmomente, um aus ihm einen Tatverdächtigen oder gar Beschuldigten zu machen, meiner bescheidenen Meinung nach.«

Eckensperger ließ das Gehörte über seinen internen Scanner laufen, stellte Querverbindungen her, Hypothesen auf und spann den Verdachtsfaden weiter.

»Nachdem wir bisher über Täter und Motiv bloß spekulieren können, betrachten wir daher einmal die Aspekte Mittel und Gelegenheit. Wer hatte die Möglichkeit, Thanner zu vergiften?«

Nicole holte aus: »Doktor Weißenthal hat die erste Analyse des Mageninhalts gemailt. Die frühe Tagesmahlzeit unseres Opfers bestand demnach aus Kräutertee, Porridge und frischem Obst, konkret Apfel, Orange und Kiwi. Das Gift könnte rein theoretisch sowohl in die Flüssigkeit als auch in den Haferflockenbrei gemengt worden sein. Nachdem keine Essensreste übrig waren und das Geschirr gewaschen wurde, lässt sich das nicht mehr feststellen. Ein kontaminiertes Frühstück ist jedoch aus zwei Gründen unwahrscheinlich: Unser Medizinalrat konnte die Substanz bislang nicht bestimmen, geht aber von einem rasch wirkenden Gift aus. Keineswegs hätte Professor Thanner nach der Einnahme bis ins Gymnasium fahren können. Dafür spricht zusätzlich die Verätzung des Rachenraums. Wer, bitte schön, isst sein Frühstück fertig, sobald der Mund brennt wie Feuer und sich die Haut auflöst?«

»Jeder, der auf die Chilisorte Carolina Reaper steht«, flapste Seiler.

Und Eckensperger meckerte: »Vielleicht hat ihn ja sein gesunder Lebensstil umgebracht? Weiter im Text!«

»Unser Gerichtsmedikus hat noch eine Detailanalyse versprochen, das dauert indes mindestens 24 Stunden. Bis dahin sollte er auch das sichergestellte Prüfröhrchen auf Rückstände untersucht haben. Sein Frühstück nahm der Professor zu Hause ein, die Box mit den Haferflocken und das Päckchen mit den Teeblättern ist inzwischen bei der kriminaltechnischen Auswertung. Genauso alle Packungen mit Nahrungsergänzungsmitteln. Trotz seiner vitalen Ernährung schluckte Professor Thanner Vitamin-D-Tropfen, Calcium-Filmtabletten und Multivitaminkapseln aus einem verschraubbaren Plastikdöschen.«

»Die Haushälterin und Freund Paschinger hatten am ehesten Zugriff auf alles in Küche und Bad. Somit schieben sich die beiden an die erste Stelle der Gelegenheitsrangliste«, hielt Seiler fest.

»Nicht zwangsläufig«, warf Nicole ein. »Eine weitere Einheit Vitaminkapseln wurde in Thanners unversperrter Lade im Chemielabor gefunden. Die sind nämlich drei Mal täglich einzunehmen. Und so eine Kapsel ist schnell aufgedreht, ausgeleert und mit einem unbekömmlichen Inhaltsstoff befüllt. Wer Ecstasy braut, kann das locker bewerkstelligen. Das würde zudem erklären, weshalb der Tod in der Schule eingetreten ist.«

»Guter Einwand! Doch wie passt diese Theorie zur nachgewiesenen Schädigung des Mundrachenraums? In dem von Ihnen skizzierten Fall müsste die Reizung im Magendarmtrakt nach Auflösung der Gelatinehülle stattgefunden haben. Wer war eigentlich der Letzte, der mit dem Toten telefoniert hat?«

»Mit dem *Toten*? Stimmen aus dem Jenseits, Boss?«

»Stellen Sie sich nicht so an, Seiler, Sie Möchtegernalleinunterhalter für Unterbeleuchtete. Sie wissen genau, was ich meine.«

»Warum sagen Sie es dann nicht? Also: Letzter ausgehender Anruf 7:12 Uhr an Kratochwil Pauline. Dauer 45 Sekunden. Thanner wird da entweder auf der Anfahrt *zur*, auf dem Parkplatz *vor* oder bereits *in* der Schule gewesen sein.«

Eckensperger machte sich eine entsprechende Notiz auf seinem Block.

»Erinnern Sie mich sicherheitshalber, das nachzufragen, Fräulein Sed…«

»Nein, Chef, nein und abermals nein. Kein ›Fräulein‹! Zum siebenhundertzweiundneunzigsten Mal übrigens. Bald feiern wir den Achthunderter!«

»Wird Zeit, dass Sie heiraten, damit mir das ›Frau‹ leichter über die Lippen geht. Am besten den Seiler. Nur *einen* Nachnamen zu brüllen und niemand tanzt an. Das hätte was!«

Nicole blieb die Spucke weg.

»Den mit seinen Macken? Das Bild muss ich erst wieder aus dem Kopf kriegen.«

Jetzt schnappte Seiler nach Luft und warf seiner Leidensgenossin einen vernichtenden Blick zu: »Das sind keine Macken, das sind Special Effects! Wer das nicht erkennt, hat mich zum Ehemann nicht verdient!«

»Verdienen, Seiler-Schätzchen? Dich als Lebenspartner nehm' ich nicht einmal geschenkt! Beruflich gehst du an meiner Seite grad noch durch.«

»Wer sich nicht verliebt zur rechten Zeit, muss heiraten, was übrigbleibt!«, spöttelte Eckensperger.

»Unverschämt! Tipps von einem zweimal Geschiedenen sind im Übrigen entbehrlich. Entbehrlich wie … wie … wie … eine Harnwegsinfektion in einer WG mit Klo auf dem Gang«, wehrte sich der junge Beamte.

»Auf *dem* Sektor habe ich dazugelernt. Mit Erfolg! Lifelong learning so to say auf neudeutsch. Bei meinen Eheschließungen wusste ich noch nichts von Leasing. Heute bin ich klüger. Ich kaufe schließlich auch keine Kuh für die Milch in meinem Kaffee oder ein Pferd, wenn ich ab und zu mal reiten will. Ledig ist definitiv besser als erledigt. Apropos erledigt: Ich denke, wir waren fleißig genug für heute. Feierabend!«

Oft host a Pech

Der aktuelle Mordfall hatte es immerhin auf einen Zweizeiler in der landesweiten TV-Abendschau, in die stündlichen Nachrichten lokaler Radiosender und in nahezu alle Printmedien der Region geschafft.

Mit keiner Silbe wurde das prominente Privatgymnasium erwähnt. Ein Lehrer sei an seiner Dienststelle vergiftet aufgefunden worden, hieß es. Die Polizei könne ein Verbrechen zum derzeitigen Stand der Untersuchungen nicht ausschließen und ermittle im privaten Umfeld des Professors, der auffallend häufig im Ausland geweilt habe.

Je weiter weg die Gedanken der Bevölkerung gelenkt wurden, umso besser konnten die Verantwortlichen der Diözese unerwünschte negative Schlagzeilen von sich fernhalten. Gezielt wurden auch in diesem Fall die medialen Netzwerke bedient und die übliche Taktik der Vertuschung, des Verschweigens, des Aussitzens und ›Unter-den-Teppich-Kehrens‹ angewandt. Strategien, die sich über Jahrhunderte für jene, die an den politischen oder kirchlichen Machthebeln saßen, bestens bewährt hatten.

»Frechheit!«, schimpfte Nicole beim Betreten des Büros statt ihres üblichen, fröhlichen »Guten Morgen allen Helden des Sicherheitsdiensts« und warf die auflagenstärkste Tageszeitung verächtlich vor Eckensperger auf den Schreibtisch. »Nicht eine einzige Zeile zur aufgeflogenen, jugendlichen Drogenbande, kein Wort über den Drohbrief in Thanners Arbeitsmantel, dafür jede Menge Andeutungen auf dessen persönlichen Lebensbereich mit dem Hinweis, das Auffinden seiner

Leiche in ›einer‹ höheren Schule sei ›reiner‹ Zufall. Eine äußerst verkürzte Darstellung unserer bisherigen Ergebnisse, obwohl dieses Schundblatt sich gemeinhin in Vermutungen und Seifenblasen ergeht, die später wieder richtiggestellt werden müssen. Oder hat unsere Pressestelle geschlampt?«

»Na, na«, beschwichtigte der Kommissar seine aufgebrachte Mitarbeiterin, »Sie werden doch nicht neben Ihrem emanzipatorischen Gedankengut noch andere ideologische Weisheiten unter die Menschen bringen wollen? Zu Ihrer versteckten Frage, wie diese einseitige Berichterstattung zustande kommen kann, nur so viel: Das ›Eine Hand wäscht die andere‹-Prinzip funktioniert hierzulande ausgezeichnet. Und Einfluss verbunden mit Geld bleibt ein probates Mittel, Umstände zu verschleiern sowie Gegenmeinungen klein zu halten. Seien Sie froh, dass Sie in diesen Breiten und im 21. Jahrhundert leben, sonst hieße ›klein halten‹ wortwörtlich einen Kopf kürzer.«

Nicole schauderte. Ihr Vorgesetzter ergänzte: »Wäre ich nicht ähnlich arm wie die vielzitierte Kirchenmaus, die in den heiligen Hallen kaum Futter findet, dann hätte ich solche Methoden seit längerem schon gegen Sie zur Eindämmung Ihrer Aufmüpfigkeit angewandt.«

»Das würden Sie tun, Chef?«, entsetzte sich Nicole gespielt dramatisch.

»Darauf können Sie spucken, falls Sie nicht stante pede Ihren Computer anwerfen und sich in die Erkenntnisse der Spurensicherung vertiefen. … Nein, Spaß beiseite: Behalten Sie Ihre kritische Sichtweise, und tun Sie die auf jeden Fall weiterhin kund. Das haben wir in unseren Reihen genauso nötig, wie es die Kirche in den ihren bräuchte.«

»War das womöglich ein Lob und eine Bestätigung meiner Haltung?«

»Treiben Sie meine Gutmütigkeit nicht auf die Spitze, Fräulein Sedlacek.«

»Lustig, ich hab' tatsächlich Gutmütigkeit verstanden … das ›Fräulein‹ will ich ausnahmsweise überhören. Chef, eins noch, wie hat die Verantwortliche von der Diözese gleich geheißen?«

»Geheißen hat sie nichts, wenn Sie mich fragen, ihren Namen hingegen finden Sie auf der Visitenkarte im Akt Thanner.«

Nicole hatte die schmale Mappe bereits geöffnet.

»Danke, gerade entdeckt. Cordula Fürst.«

»Das Magistra nicht vergessen! Was wollen Sie mit dieser Auskunft? Irgendeine Verbindung zum Toten?«

»Derzeit nein. Ich wollte mich nur ganz allgemein bei meiner Schulfreundin, die im Sekretariat des Bürgermeisters arbeitet, zum kolportierten, vorgestrigen Essenstermin mit unserem Stadtoberhaupt erkundigen. Vielleicht bekomme ich den Grund des Treffens heraus.«

»Und deswegen sind Sie bereits kurz nach sieben im Amt? Sie hoffen nicht etwa auf eine Beförderung? Da muss ich Sie enttäuschen. Mit Planstellen in der nächsten Ebene schaut's düster aus.«

»Zur Not nehme ich die Belohnung in bar«, scherzte Nicole. »Hausgemachter Kaffee ist in meiner Thermoskanne. Werten Sie das aber ja nicht als Bestechungsversuch hinsichtlich meiner Karriereleiter.«

»Ach wo! Eher zur Übung für den Status einer treusorgenden Ehefrau!«

Nicole packte die Tageszeitungen und fuhr ihren PC hoch. Mit Klischees zum Rollenverständnis von Frauen wollte sie sich nicht auseinandersetzen. Am allerwenigsten mit jenen ihres Vorgesetzten. Sie beließ es bei einem mitfühlenden Kopfschütteln und dem vielsagenden Resümee »Männer denken eben anders als wir Menschen.«

Seiler traf erst Viertel nach acht im Kommissariat ein. Vorsorglicherweise hatte er drei Nusskipferln dabei. Gebäck im Gepäck sozusagen.

»Porridge mit Obst wäre förderlicher für unsere Leistungsfähigkeit, ich weiß. Je bunter das Essen, desto gesünder, habe ich einmal gelesen.«

»Warum futtern Sie dann nicht täglich eine Packung Gummibären, Seiler?«, brummelte Eckensperger, während er genüsslich in seine Mehlspeise biss. »Mir reichen die verschiedenen Brauntöne von Kipferl und Kaffee.«

Ein lautstarkes Poltern an der Tür ließ alle drei zusammenfahren. Der Kommissar hatte soeben zum ersten Schluck angesetzt und diesen prompt auf sein frisches Hemd verschüttet. Sein heftiger Fluch prallte auf die verstört eintretende Praktikantin.

»Ihnen kann man aber auch nichts recht machen«, muckte Frau Hofstädter auf. »Extra laut und deutlich, wie Sie es gestern ausdrücklich verlangt haben. Hier ist die Post! Und ein Herr Doktor Berthold Pokorny von der Veterinäruni, Experte für Wildtiere, bittet um eine Terminvereinbarung. Er hat sich den heutigen Vormittag frei gehalten.«

»Nicole, den übernehmen Sie. Ich fahre in die Schule und anschließend zu Frau Kratochwil. Seiler, kündigen Sie mich daher zuerst beim Direktor und in Folge bei unserem Schürzenschluckspecht an. Die soll sich ab elf Uhr nicht mehr aus ihrer Wohnung rühren. Ich hätte noch ein paar Fragen. Zuvor muss ich schnell heim und mir ein neues Hemd überziehen. Dieses war kürzer im Dienst als es unsere Praktikantin sein wird. Und das heißt was. Danach kümmern Sie sich um den Paschinger. Zitieren Sie ihn her und quetschen Sie ihn aus. Diesmal im Verdächtigenstatus, nicht bloß Zeuge – vielleicht wirkt das. Ich will wissen, weshalb der Kontakt zwischen ihm und dem Mordopfer so schlagartig abgebrochen ist. Da hat's was, das sagt mir mein linker kleiner Finger. Und klären Sie mit der Staatsanwaltschaft eine Hausdurchsuchung bei Paschinger ab. Die hat der Armleuchter gestern geradezu eingefordert. Nicole wird Sie über die Einschätzung unseres Tiermediziners auf dem Laufenden halten. Alles klar?«

»Wieso bleibt der Paschinger an mir kleben? Ich will lange Beine statt Langfinger, Schmolllippen statt Großmaul und bewundernden Augenaufschlag statt verschlagenem Blick. Ein einziges Mal im Leben auf die Butterseite fallen …«, maulte der junge Beamte.

»Das Leben ist kein Wunschkonzert, Sie Daumendreher! Wenn Sie ausgiebig winseln und stöhnen wollen, sollten Sie über einen Wechsel in die Erotikbranche nachdenken. Und glauben Sie mir, auf die Butterseite wollen Sie nicht fallen, das ist eine schmierige Angelegenheit. So gesehen passt der Paschinger …«

Am Sedlacek-Schreibtisch klingelte das Festnetztelefon.

Nicoles »Das ist ja interessant«, »Na, da soll mich doch …« und »Damit war nicht zu rechnen« weckte das Interesse der beiden Herren in der Abteilung.

»Chef, das war Hedwig aus dem Rathausbüro. Diese Schultante hatte überhaupt kein Meeting mit unserem Stadthäuptling. Der Name sagte ihm nichts. Erst nach längerem Nachfragen konnte er sich erinnern, dass bewusste Dame bereits mehrmals hartnäckig versucht hat, auf Einladungslisten von Stadtveranstaltungen und zu einem persönlichen Treffen mit ihm zu kommen. Aber, hat Hedwig messerscharf geschlossen, der Bürgermeister redet lieber mit dem Generalvikar oder dem Schulbischof persönlich. Über den Mord ist unser Schirmherr natürlich informiert und wünscht uns und der Stadt eine rasche, lückenlose Aufklärung. Was halten Sie davon?«

»Von seinem Wunsch? Der ist würdig und recht, um nicht zu sagen fromm.«

»Nein, ich meine die Tatsache, dass Magistra Fürst so ein Gedöns um ihren Termin mit dem Stadtoberen machte und der sie gar nicht näher zu kennen scheint.«

»Ach, das passt ganz gut in das Bild, das ich von dieser Frau habe. Wie heißt es so treffend? Arroganz ist das Selbstbewusstsein des Minderwertigkeitskomplexes. Sind die sichergestellten Beweisstücke aus der Kriminaltechnik schon bei uns? Eines davon ist für meine nächsten Ermittlungsschritte unerlässlich. Auf geht's!«

Noch bevor Eckensperger hinter der beflissenen Schulsekretärin die Kanzlei des Pater Schuldirektors betrat, konnte er die schneidend-schnarrende Stimme der Diözesanverantwortlichen hören.

»*Ich* spreche mit der Polizei. Ist das klar, ja? Das ist alles mit unserem Herrn Bischof abgestimmt. Negative Schlagzeilen und weitere Abmeldungen können wir uns nicht leisten. Das schadet dem Ruf aller kirchlichen Einrichtungen und ich …«

»Guten Tag«, unterbrach der Kommissar betont laizistisch.

»Grüß Gott«, antworteten Pater Quirin und Magistra Fürst wie aus einem Munde.

»Werde es ihm ausrichten, sobald ich ihn treffe«, provozierte Eckensperger und goss unverdrossen Öl ins Feuer. »*Wir* brauchen keine abgestimmten Aussagen, sondern einzig und allein die Wahrheit. Im wissenschaftlich-überprüfbaren Sinn, versteht sich. Wenngleich sich unsere Nachforschungen im Mordfall Thanner derzeit auf außerschulische Personen konzentrieren, wird sich ein Verfahren gegen Alexa und ihren Dealerring wegen illegaler Herstellung und Vertrieb von Designerdrogen nicht vermeiden lassen. Nach den ersten Befragungen geht die Abteilung zur Bekämpfung der Suchtmittelkriminalität von mindestens fünf darin verwickelten Schülern dieser Anstalt aus. Die nette, kleine Bande aus bestem Haus wird entschieden mediales Interesse hervorrufen. Das schuleigene Chemielabor als Drogenküche – da können Sie den Deckel nicht mehr draufhalten, selbst mit Unterstützung unseres einflussreichen Landeshirten.«

»Ich warne Sie! Sie können hier nicht ohne Erlaubnis und nach Gutdünken …«

Wenn Cordula Fürst eine Fürstin war, dann eine Eisfürstin. Ihre kalten Augen versuchten, Eckenspergers Blicke zu fixieren. Der hatte keine Zeit *für* solche und kein Interesse *an* solchen Spielchen. Sein Weg war direkt und unverblümt wie immer.

»Sparen Sie sich Ihre Kampfansagen. Die prallen an mir ab wie eine schlecht gesteuerte Drohne an der Klostermauer. Für Leute, die mit mir zu tun hatten, gibt es mittlerweile sogar Selbsthilfegruppen. Und was in diesem Fall erlaubt ist, weiß ich besser als Sie!«

»Mit Ihnen bin ich fertig. Ich werde *persönlich* um einen anderen Beamten ersuchen, ja? Einen feinfühligen, der in dieses Ambiente passt. Der nicht wie ein Elefant im Porzellanladen …«

»Vielleicht schickt Ihnen der Herr Polizeidirektor stattdessen einen Igel?«

Cordula Fürst sah den Ermittler irritiert an.

»Igel, wie … was hat ein …?«

»Suchen Sie Ihre Worte draußen vor der Tür. Noch ist der Elefant am Werk. Der muss jetzt seine Arbeit machen und mit dem Schuldirektor sprechen.«

»Frau Magistra, bitte«, lenkte Pater Quirin ein. »Sie vertreten die kirchliche Oberbehörde, das ist mir bewusst. Allerdings sind wir ein Stiftsgymnasium, der Orden ist Schulerhalter. Ich denke, wir kommen ganz gut mit der Situation zurecht.«

»Aber der Herr Bischof …«

»… wird für uns beten. Dessen bin ich gewiss. Ich informiere Sie über das Gespräch.«

Mit diesen Worten hielt Pater Quirin höflich und zugleich bestimmt die Tür mit einer sanften Kopfbewegung Richtung Sekretariat auf.

»Ich wünschte, sie würde ihre Worte stets durch die drei Siebe laufen lassen!«, ergänzte er, nachdem die Polstertür geschlossen war.

»Drei, sieben? Wahrscheinlich heilige Zahlen in Ihrem Verein?«

»Zweifelsfrei zählen drei, vier und somit deren Summe sieben zu den bedeutsamen Werten der biblischen Zahlensymbolik. Ich sprach jedoch von den ›drei Sieben‹, durch die man laut Sokrates seine Rede laufen lassen soll. Sich demgemäß jedes Mal die Frage zu stellen hat: Ist das, was ich sage, erstens wahr, zweitens gut und drittens notwendig? Tatsächlich, muss ich gestehen, halten die Ausführungen der Leiterin unserer Kirchenbehörde oft nicht einmal einem der Siebe der antiken Parabel stand. Ich entschuldige mich für den unangemessenen Ton. Die Personalpolitik unserer Diözese ist selbst für mich in manchen Fällen nicht nachvollziehbar. Wie kann ich Ihnen helfen?«

Erneut bewunderte Eckensperger den hageren Pädagogen für dessen klare und gleichzeitig ausgewogene Kommunikation. Mit einem dankbaren Kopfnicken holte er ein Plastiksäckchen mit der am Fundort sichergestellten Eprouvette aus seiner Jackentasche.

»Können Sie mir verraten, ob das aus Ihrem Schulbestand stammt? Wir haben im Chemielabor keine weiteren Röhrchen dieser Machart gefunden.«

»Das ist schwierig. Ich bin da völlig unkundig, und unser Chemiekustos, der für die Beschaffung zuständig war, ist ja nun … äh … tot. Am besten wird sein, ich mache Sie mit unserem ökonomischen Verwalter, Herrn Biergartner, bekannt. Der müsste die erforderlichen

Unterlagen rasch zur Hand haben. Darf ich Ihnen wieder unseren Administrator zur Seite stellen? Ich sollte mich aus Anlass der nicht abreißenden Elternbeschwerden und Medienanfragen möglichst umgehend mit dem Berater für Öffentlichkeitsarbeit des Stifts abstimmen.«

Pater Kugelblitz war schnell wie die sprichwörtliche Lichterscheinung zur Stelle.

Gemeinsam durchschritten sie den Klosterinnenhof bis zu einer unauffälligen Holztür. Dahinter verbarg sich das Büro des Geschäftsführers, der die beiden bereits vor seinem übervollen Schreibtisch erwartete.

»Hier ist der Katalog, aus dem wir unsere Lehrmittel für die Schule bestellen. Laborbedarf ab Seite 337.«

Herr Biergartner, ein typischer Geschäftsmann in Anzug mit konservativ gestreifter Krawatte, blätterte gewandt in dem dicken Folianten.

»Lassen Sie mich Ihr Fundstück sehen. Also nach den Abbildungen kann ich da bedauerlicherweise nichts entscheiden. Was meinen Sie? Schauen wir uns am besten unsere Stücke im Chemielabor zum Vergleich an.«

Pater Eusebius seufzte angesichts der vor ihm liegenden Wegstrecke und Stufenanzahl. Doch Eckensperger konnte ihn beruhigen: »Da ist die Spurensicherung durch. Weder im Chemiesaal noch im Nebenraum waren derartige Glasröhrchen zu finden.«

»Das ist verblüffend«, gab Herr Biergartner zu bedenken. »An sich sollten genügend vorrätig sein. Ich bin mir sicher, vor kurzem erst Kollegen Hubschmied mit seinem rollenden Labor, darauf ein Holzgestell mit einigen dieser zylindrischen Reagenzglaskolben, gesehen zu haben.«

»Rollendes Labor?«, zeigte sich Eckensperger wissbegierig.

»Ja, natürlich. Sofern Chemiestunden nicht im Chemiesaal stattfinden, was sich bei der Klassenanzahl unserer Anstalt meist nur ein Mal pro Woche ausgeht, packen die Lehrer oder deren Helfer einen Vorbereitungswagen mit den Utensilien, die für die Versuche im Klassenzimmer benötigt werden.«

Der Kommissar dankte knapp und machte sich mit seinem wandelnden Wegweiser, der diesmal einen triftigen Grund zum Seufzen hatte, auf die Suche nach Professor Hubschmied.

»Es trifft sich gut, dass wir in den Westflügel unterwegs sind. Ich muss Sie nämlich bitten, mir nochmals einen der Schüler für eine Nachfrage aus dem Unterricht zu holen.«

»Gern«, schnaufte Pater Eusebius und wischte sich verstohlen einige Schweißtropfen von der Stirn. »Was ich jeden Tag für Kilometer laufe«, keuchte er.

»Zumindest keine leeren wie ich«, grummelte Eckensperger und murmelte in Fortführung seiner Ermittlungsgedanken: »Er hat etwas gesehen. Interessant! Der Herr hat etwas gesehen!«

Pater Eusebius blickte den Untersuchungsbeamten an seiner Seite irritiert an und stellte nachdrücklich klar: »Der HERR sieht alles! Semper et ubique.«

»Nicht *der* Herr! Der Herr Wirtschafter! Auf dem rollenden Labor.«

Na guat daunn net

Im Stiegenhaus des Gemeindebaus roch es, wie es in Vielparteienhäusern der Minderprivilegierten eben zu riechen pflegt. Essensdünste mischten sich mit erkaltetem Zigarettenrauch, Schweiß und abgestandener Luft, die von zahlreichen, vor den Eingängen platzierten Schuhpaaren zusätzlich beeinträchtigt wurde. Die traurig-kraftlosen Grünpflanzen vor den Gangfenstern konnten dem abträglichen Raumklima kaum Paroli bieten.

Abermals öffnete Frau Kratochwil eine Wohnungstür, bevor Eckensperger den Klingelknopf zu dieser betätigte. Zumindest hatte sie diesmal eine kurze Begrüßung für ihn parat, bedeutete ihm in Folge energisch, sich die Schuhe auszuziehen und verschwand in die winzige Küche, aus der dem Ankömmling dampfende Hitze entgegenschlug.

Der Kommissar kam der Aufforderung mit innerem Zähneknirschen nach. Eine Amtsperson in Socken war in seinen Augen entwürdigend. Auf die bereitgestellten Filzpantoffel verzichtete er, um seine Prinzipien nicht vollends aufzuweichen.

»Wie Ihnen mein charmanter Mitarbeiter bereits angekündigt hat, gibt es nach wie vor einiges zu klären, gute Frau. Dazu brauche ich Ihre Aufmerksamkeit. Wo können wir uns ohne Ablenkung unterhalten?«

Die Angesprochene schüttelte wie üblich unwillig den Kopf, drehte dennoch seufzend an den Knöpfen des alten Herds, warf einen Blick ins Backrohr und lenkte den polizeilichen Besucher in ein nicht mehr als fünfzehn Quadratmeter ›großes‹ Wohnzimmer. Das schwere Nussholzmobiliar aus den Sechzigerjahren des letzten Jahrhunderts ließ die Enge noch bedrückender erscheinen. Daran konnten auch die unzähligen Püppchen und Teddybären, die auf jedem Sims, der samtgrünen Rückenlehne der durchgesessenen Couch, zwischen den Blumentöpfen auf dem Fensterbrett und auf jedem freien Fleck des Wandverbaus platziert waren, nichts ändern.

Eckensperger ließ sich auf einem der beiden unförmigen Fauteuils neben einem gehäkelten Polster und einem abgewetzten Eisbären, der noch nie eine Eisscholle, jedoch unumstritten bessere Zeiten gesehen hatte, nieder.

»Ich sammle Puppen und Bären jeder Art«, erläuterte Pauline unnötigerweise. »Sind sie nicht niedlich?«

»Und ich sammle Zeugenaussagen«, überging der Kommissar seiner Gepflogenheit entsprechend lästige, überflüssige Einwürfe, griff nach Polster und Stofftier und warf beides auf die Sitzbank. Ein wenig Ortsveränderung würde den darin nistenden Milbenheerscharen nicht schaden, befand er mit leisem Schaudern.

Danach leerte er vor der erstaunten Zeugin seine Hosensäcke, immerhin vier an der Zahl, sowie die Innentasche seines schlecht sitzenden Schnürlsamtsakkos. Auf dem Nussholzcouchtisch türmte sich neben den beiden vorbereiteten Mehlspeistellern und einem altmodischen Zuckerstreuer, der dem Beamten von Sonntagsjausen aus Kindheitstagen vertraut war, alsbald ein kleiner Berg unterschiedlichster Utensilien.

»Oh«, bemerkte seine Zuschauerin verwundert, bevor Eckensperger die erste Frage gestellt hatte.

Dieser wähnte sich auf der richtigen Fährte.

»Nun, Frau Kratochwil, haben Sie mir etwas mitzuteilen?«

»Ist denn das die Möglichkeit? Gibt es heutzutage noch Männer mit Stofftaschentüchern? Der Herr Professor hat nur papierene verwendet. Ekelhaft. Besonders, wenn ich eines vor dem Waschen in seinen Hosen übersehen hatte. Tausend weiße Fuzzelchen, die ich vor dem Bügeln runterzupfen und anschließend wegsaugen musste. Jedes Mal Mehrarbeit und Ärger!«

»Sonst haben Sie nichts zu sagen?«

»Doch, ... aber ... das ist mir unangenehm.«

»Raus mit der Sprache!«

Eckenspergers Stimme bekam die gewohnt gefährlich-unbeherrschte Färbung.

»Wenn Sie mich so dringlich fragen.«

Die Haushälterin schien nicht wirklich eingeschüchtert zu sein oder zu begreifen, dass ihre Tage in Freiheit gezählt waren.

»Weil Sie es unbedingt hören wollen: Das ist *mein* Kugelschreiber, der blau-weiße da mit der Aufschrift ›Jonny Schlager‹. Den habe ich mir vor einem halben Jahr auf seinem Konzert im Kultursaal gekauft. Und seine letzte CD. Wollen Sie sie hören? So eine samtweiche Stimme, der Jonny. Wie der Karel Gott.«

Als Eckensperger mit einem weiteren Schauder das Angebot dankend ablehnte, fuhr die Befragte fort: »Gestern haben Sie sich den Kuli für Ihre Notizen ausgeborgt. Der lag auf der Zeitung wegen dem Kreuzworträtsel. Sie können ihn gern behalten. Nachdem Sie an seinem Ende geknabbert und mir Ihren Zahnabdruck hinterlassen haben, will ich ihn bestimmt nicht mehr zurück. Bäh! Ich brauch' dringend einen Kräuterschnaps!«

Eckensperger war nahe daran, vom Polstersessel zu fallen.

»Und was ist damit?«, brüllte er und hielt Pauline das Prüfröhrchen vor die Nase.

»Was soll damit sein?«

»Schon mal gesehen so ein Ding?«

»Ja, bei dutzenden Gelegenheiten, wenn ich das ›Geheimlabor‹ des Professors sauber zu machen hatte. Da musste ich besonders vorsichtig sein mit all den Glaszylindern, Kolben und Pipetten.«

Pauline sprach die Instrumente mit Ehrfurcht und leisem Stolz über ihren diesbezüglichen Wortschatz aus. Dann drückte sie sich trotz des missbilligenden Blicks des Polizisten hoch, watschelte zur Glasvitrine, langte nach einer dunkelgrünen, bauchigen Flasche und angelte das obligate Achtelglas heraus. Vorsichtig ließ sie die ölig-braune Flüssigkeit einlaufen, nahm einen großen Schluck und füllte die fehlende Menge auf, bevor sie zum Couchtisch zurückkehrte.

»Wir wollten doch heute nichts trinken«, ermahnte Eckensperger.

»*Sie* trinken ja nicht. Und *ich* wollte schon manches nicht. Zur Schule gehen, zum Beispiel, oder unverheiratet bleiben. Und hat es mir geschadet?«

Der Kommissar hatte seine Theorie zu dieser Materie, hütete sich allerdings, eine für ihn charakteristische Beurteilung abzugeben. Er schlug lediglich einen Kamillentee als Alternative vor, erntete von Pauline jedoch ein lapidares »So viel Beruhigungstee kann ich gar nicht trinken, wie ich mich über Sie ärgere«.

»Zurück zum Thema. Konzentrieren Sie sich und bleiben Sie bei der Wahrheit. Haben Sie ein Röhrchen dieser Art an sich genommen und für Ihre eigenen Zwecke verwendet?«

»Ja, ein einziges Mal«, gab die Haushälterin unumwunden zu.

»Gut, jetzt kommen wir der Sache näher. Wann haben Sie es aus dem Labor entwendet?«

»Hören Sie, Sie ignoranter Amtsheini, was unterstellen Sie mir? Ich wollte grad sagen, bevor Sie mich erneut so ungehobelt anflegeln: Der Herr Professor hat es mir gegeben. Höchstpersönlich. Und eigenhändig. Und freiwillig. Ein nigelnagelneues aus seiner Schachtel.«

»Und was haben Sie damit gemacht?«

Eckensperger stand wieder einmal haarscharf vor einer Explosion. Sich in Geduld zu üben war nicht das Seine, wie mehrfach angedeutet.

»Die abgebrochene Orchideenrispe hineingesteckt, weil alle Vasen zu groß waren.«

»In das Pfeilgift?«

»Nein, … in … das … Glasröhrchen. Nachdem ich es mit Wasser gefüllt hatte.«

Paulines Tonfall glich jenem einer Mutter, die ihr unbelehrbares Kind zum tausendsten Mal instruiert, beim Essen die Gabel in die linke und das Messer in die rechte Hand zu nehmen. Mit ihrer Meinung hielt sie nicht hinter dem Berg.

»Irgendwie hab' ich den Eindruck, Ihr Beruf tut Ihnen nicht gut. Den Gummiverschluss hab' ich nicht benutzt.«

»Weiter!«

»Den hab' ich im Restmüll entsorgt!«

»Uninteressant! Was haben Sie mit der Flüssigkeit aus dem Röhrchen gemacht?«

»Da … war … keine … Flüssigkeit … drin. Ist denn das die Möglichkeit? Hören Sie mir überhaupt zu? Oder schreiben Sie einen Phantasieaufsatz in Ihr Notizbüchl? Das Röhrl war ja, wie ich bereits zwar nicht so laut wie Sie, aber unmissverständlich klargelegt habe, ein nigelnagelneues aus einem Päckchen von der Firma ›Pharmazeut GmbH‹. Sauber, trocken, leer. Fabriksneu, um es zu verdeutlichen. Noch was auf Lager? Ich muss dringend nach dem Apfelstrudel schauen, bevor der verbrennt, und das Knödelwasser erneut aufdrehen. Sonst wird das nichts mit dem Mittagessen.«

Eckensperger schloss sekundenlang die Augen und zählte langsam bis zehn. Manchmal schienen Mörder einfach die Falschen zu erwischen. Durfte man den Erzählungen der Zeugen Glauben schenken, war das Opfer ein deutlich angenehmerer Zeitgenosse gewesen als dessen umständlicher, streitlustiger Raumpflegedrachen.

»Tatsächlich habe ich noch ein Detail zu klären. Professor Thanner hat Sie am Dienstag kurz nach 7:00 Uhr angerufen.«

»Hat er?«

»Jawohl, hat er! Das war eine Feststellung, keine Frage. Und Sie haben den Anruf entgegengenommen. Das ist erwiesen.«

»Na, wenn Sie's sagen, werd' ich Ihnen nicht widersprechen.«

»Oh, ganz was Neues. Konzentrieren Sie sich. Hat er erwähnt, dass ihm schlecht ist, er sich nicht wohl fühlte? Was, verdammt noch mal, wollte er?«

Pauline befolgte den Ratschlag, sich zu sammeln auf ihre Weise. Mit geschlossenen Augen nahm sie einen Schluck Kräuterschnaps. Verdrossen beutelte sie den Kopf und kippte den Rest in einem Zug hinunter.

»Sie haben vielleicht Fragen! Keine Ahnung, fürchte ich … kann nichts Weltbewegendes gewesen sein, andernfalls hätte ich es mir gemerkt. Moment … ich hab's. Ja! Ich sollte die Kochwäsche noch nicht waschen. Er wollte seinen Arbeitsmantel aus der Schule mitbringen. Der hätte es nötig. Hat ihn wahrscheinlich gerade angezogen und Schmutzflecken entdeckt. Auf eine Art klang er verstört. Penibel war er, aber das hat ihn sicher nicht aus der Fassung gebracht. Er muss meines Erachtens in der Schule eine unliebsame Nachricht erhalten haben. Supplierstunde an seinem langen Tag oder ein Elternvorwurf zur Benotung. Derartiges hat ihn ganz schön mitgenommen. Er hat geseufzt, daran erinnere ich mich wieder. Dann hat er mir noch einen schönen Tag gewünscht und gesagt, dass er sich auf den Guglhupf freut nach dem Unterricht. So war er, der Herr Professor. Freundlich, höflich, zuvorkommend. Und jetzt ist er to-ot«, schluchzte die Haushälterin, bevor sie abermals zum mittlerweile leeren Glas langte.

Es war zum Aus-der-Haut-fahren. Eine halbe Stunde wegen nichts und wieder nichts versch***, und draußen lief weiterhin ein Giftmörder umher.

Im Gegensatz zu seinen zähen Sackgassenermittlungen war aus dem Apfelstrudel durchaus etwas geworden. Dessen ungeachtet schlug der genervte Beamte die liebenswürdige Einladung auf ein ofenfrisches Stück aus und die Eingangstür hinter sich mit einem knurrigen »Mahlzeit!« zu.

Sisyphus

»Und? Haben Sie endlich ein Motiv?«, meckerte Eckensperger, als er das Büro betrat und Seiler bei dessen unvermeidlichem Nachmittagscappuccino antraf. Seine miese Laune hatte der Kommissar auf dem Weg zum Arbeitsplatz nicht abschütteln können.

»Ich? Nicht die Kaffeebohne. Wieso auch? Mir ist der Tote völlig unbekannt«, grinste Sebastian und fügte überflüssigerweise »Aber der Mörder beziehungsweise die Mörderin wird eines gehabt haben!« hinzu.

»Todsicher, Sie Schlaumeier zum Quadrat! Finden Sie's raus, bevor Sie mir ein Motiv für einen Mord an *Ihnen* liefern.«

Mit einem »Da würde ich mich an Ihrer Stelle hurtig um ein Alibi zur Tatzeit bemühen, denn die Drohung hat das halbe Kommissariat gehört« hob der schlagfertige Beamte, nicht die Spur gekränkt, dafür umso genüsslicher die Tasse an die Lippen.

»Wo steckt Nicole eigentlich?«, setzte der Abteilungsleiter seine Schimpftirade missgelaunt fort. »Irgendwie hab' ich Tinnitus in den Augen, ich seh' nur Pfeifen. Arbeitet hier überhaupt irgendeiner außer mir?«

»Falls ›Irgendeiner‹ Ihr neuer Kosename für mich ist, dann trifft das voll ins Schwarze. Ich hab' so was von viel herausbekommen. Bis hin zu einem schwerwiegenden Motiv. Und Nicole ist mittlerweile auf dem Rückweg von ihrem Stelldichein mit dem Spinnenflüsterer in Thanners Wohnung. Sollte in Kürze eintreffen. ... Ihre Mittagspause hatte sie garantiert auch schon«, merkte Sebastian abschließend voll Selbstmitleid an.

Wie auf's Stichwort kam die Vermisste zur Tür herein.

»Du wirst bereits gesucht!«, rief ihr der Kollege fröhlich entgegen.

Nicole grinste: »Eh klar! Gute Mitarbeiter sind immens schwer zu finden.«

»Besprechung in fünf Minuten«, verkündete Eckensperger anstelle einer Begrüßung.

»Passt gut, ich habe einige neue Anhaltspunkte. Soll ich Ihnen einen Powerdrink vom Kaffeeautomaten mitnehmen, Chef?«

»Warum? Damit wir die Ermittlungsfehler mit mehr Energie machen?«

»Nein, damit Sie Ihr Hemd einfärben können«, flapste Seiler und duckte sich rasch, um vom auf ihn gezielten Notizbuch seines Vorgesetzten nicht getroffen zu werden.

»Meine Mitschriften sehen aus, als hätte ich sie mit unsichtbarer Tinte geschrieben«, begann Eckensperger den Erkenntnisaustausch ungewöhnlich resignativ. »Kaum nennenswerte Ergebnisse und zwei Dinge, wegen derer ich mir mein Hirn zermartere. Der Besuch bei Frau Kratochwil, unserer Zechschwester, war strapaziös wie erwartet und wenig ergiebig. Darüber hinaus war da ein Element in ihrer Wohnung, das mich gestört hat, das nicht so richtig in diese abgewohnten Räume hineingepasst hat. Ich komm' nur nicht drauf, was es war. Zusätzlich konnte ich beim Betreten des Hauses aus dem Augenwinkel ein mir bekanntes Gesicht wahrnehmen, das ich verfluchterweise nicht und nicht einordnen kann. Jemand, dem ich in den letzten

Tagen begegnet bin und den ich mit Schutzgeld oder Zechprellerei verbinde. Aber je intensiver ich nachdenke, umso unschärfer wird die Erleuchtung. Den Drohbrief hat der Professor mit großer Sicherheit am Morgen seines Todes bei den Unterrichtsvorbereitungen entdeckt. Das erklärt, weshalb der Direktor nichts davon wusste und zugleich Thanners Verstörtheit beim Telefonat mit seiner Haushälterin. Glasklar ist jedenfalls folgendes: Das Reagenzröhrchen stammt eindeutig aus den Beständen des Professors. War mühsam genug, das zu eruieren. Ob er es für den Chemieunterricht mitgenommen hat, weil in der Schule alle auf dem rollenden Labor seines Kollegen Hubschmied gehortet waren oder ob er eine mitgebrachte Substanz im Schullabor überprüfen wollte, lässt sich nicht sagen. Es enthielt, wie mir Willibald soeben dezidiert bestätigt hat, keinesfalls Spuren eines Gifts. Insofern ist es als Beweisstück wohl vernachlässigbar. Verwertbare Fingerabdrücke ausschließlich vom Professor, keine Wischspuren. Einen kleinen Teilerfolg kann ich wenigstens vermelden. Wie vermutet, stammt der anonyme Zettel von einem Schüler. Den hab' ich heute – nach dem Eintrudeln einer gezielten Information – zur Rede gestellt und ein halbherzig reumütiges Geständnis erhalten.«

»Das ist verwunderlich! Wir haben doch alle Schriftproben verglichen. Erstaunlich, wie geschickt einer oder eine von den Jugendlichen die Klaue verstellen konnte.«

»Ach, in feudalen Haushalten ist das nicht notwendig, werte Fast-Detektivin. Da schreibt man nämlich nicht selbst, sondern lässt schreiben wie es sich für einen verzogenen Jüngling gehört. In diesem Fall vom

Schofför des Vaters, der aus der traditionellen Grafschaft Sussex stammt. Wenn einer schon keinen englischen Butler vorweisen kann, muss es zumindest ein Fahrer von der britischen Insel sein.«

»There's nothing like going out in style. Jetzt weiß ich wieder, woran mich die Schrift erinnerte. Es sind diese typischen ›t‹ und die Unterlängen des ›f‹ in der britischen Schulschrift. Ich hatte früher eine Brieffreundin aus London, die schrieb ähnlich. Welcher Schüler war es denn? Sicher nicht Jasille. Vermutlich der schmucke Snob?«

»Gut kombiniert. Den wollten Sie sowieso wegen irgendwas drankriegen, Fräulein Alzheimer. Gestern Abend rief besagter Schofför, ein gewisser Brian Edwards, im Kommissariat an und gestand, Schmuckenschlager junior habe ihn ersucht, die ominöse Notiz zu verfassen. Er habe sich anfangs nichts Böses dabei gedacht, weil Wolfgang ihm glaubhaft versicherte, den Text für einen seiner Rollenspielabende zu verwenden. Erst beim Lesen des Zeitungsartikels zum Mordfall sei Mister Edwards die Bitte reichlich fragwürdig und meldenswert vorgekommen.«

»Da hat der ehrgeizige Wolfgang den Chemie-Dreier doch nicht so leicht weggesteckt, wie er patzig verkündete?«

»Womöglich fällt der Arme infolge des entgangenen Vorzugs um die Sonderausstattung seines Cabriolets um?«, merkte Sebastian in einer Mischung aus Neid und Ironie an.

»Nicht nur deswegen! Das kann ich euch versichern! Aus einer Nebenbemerkung von Mister Edwards, der sich über die Energie der jungen Leute wunderte, die

Nächte hindurch ohne Ermüdungserscheinungen spielten, werden wir Wolfgang Schmuckenschlager Einnahme und Weitergabe von Aufputschmitteln nachweisen können. Somit haben wir für unsere Suchtgiftkriminaler – dank der zwar nicht ganz legalen, jedoch ungemein umsichtigen Fingerabdruckpalette von Fräulein Sedlacek – mit ihm und Alexa bereits zwei namentlich Bekannte der Drogenpantscherbande. Ohne Vorstrafe kommt der nicht davon.«

Nicole ballte die Faust, stieß ein erfreutes, knappes »Jawoll!« aus und ergänzte sachlich: »Mit dem nachgemachten Schlüssel konnte sich Schmucki leicht Zugang in den Chemienebenraum zur Hinterlegung seiner perfiden Botschaft verschaffen.«

»Um Ihre Euphorie auszunützen, Fräulein Triumphbogen, organisieren Sie auf der Stelle eine Genehmigung der Staatsanwaltschaft für eine offizielle Abnahme der Fingerabdrücke. Auf Basis der bisherigen Erkenntnislage muss das ein Kinderspiel für Sie sein.«

»Wird prompt erledigt, Chef, wie gewohnt. Mein Motto: Das Leben ist kurz – genieß' die Pizza, kauf' die Schuhe, krall' dir den Täter. Ist die Pressestelle informiert? Auf *die* Schlagzeilen in den Medien freu' ich mich gewaltig!«

»Der Junge kann einem echt leidtun. Was wollte er mit der Drohung unterm Strich erreichen? Womöglich den Professor verunsichern und verärgern, ihn spüren lassen, wie er selbst sich fühlte. Armer Tropf. Hält sich für ein großes Licht und ist doch bloß ein Blender!«

»Seiler, Sie Nebelleuchte, zur Sache!«

»Sehr gern, im Eilzugstempo. Darum hab' ich heute extra meine Sportsocken angezogen.«

»Noch mehr schlappe Witzchen auf Lager? Was ist mit konkreten Ergebnissen?«

»Die hat der geschätzte Witzekönig ebenfalls. Nachdem ich jedoch auf den Sachverhalten von Kollegin Sedlacek aufgebaut habe, lasse ich ihr großzügig den Vortritt. Wie heißt's so schön? Ladies first!«

Sebastian deutete eine Verbeugung mit formvollendet einladender Armgeste an.

»Ich weiß, damit man den Ladies auf den Hintern starren kann. Nichtsdestotrotz danke, Sebastian. Macht obendrein Sinn. Kurz und bündig zusammengefasst: Unser Tierexotenexperte, der Doktor Pokorny, ist ein faszinierender Mann. Extrem höflich übrigens und enorm eloquent, etwas langatmig vielleicht …«

»Hören Sie, Fräulein Sedlacek, wir erstellen hier kein Profil für eine Partnerbörse, sondern …«

Zum dritten Mal in Folge überging Nicole die Fräulein-Titulierung, schnitt ihrem Vorgesetzten im Gegenzug immerhin den ungehörigen Einwurf ab.

»Jedenfalls war der überaus kultivierte Veterinärmediziner ziemlich verblüfft, als er den privaten Insekten- und Reptilienzoo unseres Mordopfers in Augenschein nahm. Die Tiere müssten – sagte er – ehebaldigst in fachkundige Hände. Er hat sie heute erstversorgt, aber einige sind auf frisches Lebendfutter angewiesen. Dieses ist zwar, wie man deutlich riechen konnte, in gesonderten Käfigen reichlich vorhanden, bedarf trotzdem gleichermaßen sachgerechter Betreuung. Deshalb würde er den Zoo morgen gern überstellen. Er bemüht sich um einen passenden Platz.«

»Wer will mich?«, alberte Seiler mit maunzender Stimme dazwischen.

»Das frag' ich mich seit langem«, knarzte Eckensperger. »Sogar Ihre liebreizende Kollegin hat meine gestrigen Verkupplungsversuche abgeblockt. Und ich ertrag' Sie selbst nur schwer. Jetzt wär' der Kräuterne von der Kratochwil hilfreich.«

»Ist denn das die Möglichkeit«, imitierte Nicole den Stehsatz der streitbaren Haushälterin in deren Tonfall. Danach riss sie mit einem strengen »Schluss mit dem Geplänkel, ihr Kampfhähne, zurück zum Fall« das Wort wieder an sich.

»Die Ein- beziehungsweise Ausfuhr der Tiere ist teilweise gar nicht erlaubt. Andererseits sind sie bestens gehalten. Doktor Pokorny mutmaßt, der Professor könnte versucht haben, einzelne Gattungen zu züchten. Weniger aus pekuniärem, wohl mehr aus Forschungsinteresse. Darauf lassen die peniblen Aufzeichnungen schließen. Dennoch muss es für die überlebenden Exemplare Kunden gegeben haben. Der Wert der vorhandenen Exoten geht in die Tausende. Exakt kann er das erst in den nächsten Tagen beziffern. Einige Toxikum-Lieferanten sind definitiv darunter. Allerdings – und das ist äußerst interessant – verlieren die Nachkommen der Amphibien in Gefangenschaft ihr Gift, weil sie dazu Al-ka–lo-i-de …«, Nicole las das Wort hochkonzentriert, fast ehrfurchtsvoll von ihren Notizen ab, »… spezieller tropischer Futterinsekten benötigen. Der Pfeilgiftfrosch zum Beispiel. Einige Exemplare haben wir in den Terrarien vorgefunden. Schöne, gelbgrün glänzende, nicht einmal so kleine Tiere. Klarerweise könnte Thanner das Gift von seinen eingeführten Erstexemplaren oder direkt vor Ort in Kolumbien gezapft und mitgebracht haben. Dessen ungeachtet habe ich nach Auskünften des verehrten Veterinärs eine Auflistung möglicher Giftstoffe verfasst, die der Professor gewonnen haben könnte und diese unserem Gerichtsmediziner übermittelt, sodass der den Mageninhalt sowie die Schleimhautreaktion des Opfers überprüfen und die toxischen Effekte vergleichen kann.«

»Jetzt bin endlich ich an der Reihe!«, Seiler war langsam ungeduldig geworden. »Der Paschinger ist wirklich eine harte Nuss! Als aber der Durchsuchungsbeschluss eintrudelte, wurde er sichtlich nervös. Unsere Leute haben ganze Arbeit geleistet und die kleine Wohnung flott durchkämmt. Gefunden haben sie ein Kuvert mit einigem Bargeld sowie einer Namensliste. Alles Abnehmer von getrockneten Seepferdchen, Korallen, Riesenmuscheln und ähnlichen Liebhaberstücken. Auch exotische Lebendtierchen fanden sich in der Aufstellung. Echte Beweisstücke haben wir nur vereinzelte sichergestellt, die Wohnung selbst ist winzig und daher für Lagerzwecke ungeeignet. Paschinger hat die Souvenirs alle paar Tage von Thanner abgeholt und unverzüglich zu Geld, oft weit unter deren Wert, gemacht. Die Nebeneinkünfte hat er großteils in Wettlokale getragen, auf seinem Konto schaut's mau aus. Alle Reisen hat ihm der Thanner finanziert – diese Schilderung deckt sich mit dessen Abbuchungen. Einen Schlüssel zu Simons Zuhause habe er nie besessen. Das muss nicht viel heißen, einen geeigneten Dietrich hätte der Gauner sich bei seinen Bekanntschaften im Milieu leicht besorgen können. Nun zu seinem Streit mit dem Reisefreund. Ein solcher war nämlich Auslöser für die anhaltende Funkstille seit Sonntagnachmittag. Angeblich wollte sich der Professor aus wissenschaftlicher Neugier hauptsächlich der Vermehrung von Stummelschwanzchamäleons widmen, die in Gefangenschaft recht schwierig ist. Für die gab es hindessen wegen deren unattraktiver Erdfärbung und, da sie die Farbe im Gegensatz zu ihren Artgenossen nicht wechseln können, weniger Interessenten und daher weniger Ertrag. Darüber seien sie aneinandergeraten. Magister Thanner habe ihn einen geldgierigen Banausen geheißen und als Schmarotzer bezeichnet. Gedroht, ihn und seine illegalen Machenschaften anzuzeigen, habe er laut Paschingers Aussage nicht. Ob der das lediglich behauptet, damit man ihm kein Mordmotiv unterstellen kann, ließ sich nicht verifizieren. Da mauert er eisern. Paschinger hält sich überhaupt für unersetzlich, der Professor hätte sich bestimmt bald wieder ›eingekriegt‹. Spätestens, wenn er ihn als unverzichtbaren Reisebegleiter gebraucht hätte oder bei Überfüllung aller Käfige, wäre der illegale Handel erneut angelaufen. Einen regelmäßigen Gewinn hätte er dem Thanner nicht abliefern müssen, Geld war dem Professor nicht wichtig. Dieses Detail stimmt mit Paschingers unübersichtlichen Unterlagen überein, die von Rechtschreibfehlern nur so strotzen.«

»Trauen wir einem schlampigen Vollpfosten mit einem IQ wie ein Hydrant einen sauberen Giftmord zu? Ohne verräterische Spuren und Selbstvernichtung? Nach meiner Erfahrung handeln Typen wie der eher im Affekt. Greifen sich irgendein Teil und ziehen es dem Gegner über. Und wieso stirbt der Professor dann in der Schule und nicht bei der gemeinsamen Bier- und Teejause mit seinem Mitwisser? … Was wissen wir eigentlich?«, grübelte Eckensperger.

»Nicht genug, wie mir scheint!«

»Großartig Seiler! Das finden Sie lustig? Oder hilfreich? Bei Ihnen stand die Schaukel offenkundig zu nahe an der Hauswand. Übrigens Hilfe: Ich muss mich nochmals mit Willibald austauschen«, schloss der Kommissar und langte nach seinem Smartphone. »Fünf Minuten Pause!«

Nicole nutzte die Unterbrechung für eine Stoßlüftung, Seiler verabschiedete sich nach draußen, um ›den Kaffee loszuwerden‹ wie er quietschvergnügt kundtat.

»Wenn Sie nicht wollen, dass mein Gehirn davonflattert, machen Sie schleunigst das Fenster zu, Fräulein Frischluftfanatikerin!«

»Ach, eine Ladung Sauerstoff tut den grauen Zellen unter den grauen Stoppeln gut.«

Kurz darauf fasste Eckensperger sein Telefonat mit Doktor Weißenthal zusammen. Demnach war in keinem der Nahrungsergänzungsmittel Gift gefunden worden. Ebenso waren die sichergestellten Frühstückszutaten unauffällig. Etwas anderes konnte im Verdauungstrakt nicht nachgewiesen werden.

Der langgediente Ermittler wirkte ratlos.

»Jede einzelne Teedose im Haushalt Thanner ist kontrolliert. Nach dem Frühstück war einzig und allein die Kratochwil in der Wohnung. Die hätte freilich ein mit Gift versetztes Lebensmittel bei ihrem Gang zum Bankomaten entsorgen können. Aber so weit sind wir doch schon gekommen, dass eine Einnahme zu Hause infolge der raschen Wirkung des Gifts nicht möglich war. Was, zum Kuckuck, könnte der Professor in der Schule nach einem ausgiebigen Frühstück eingenommen haben, das keine Essensrückstände in Magen oder Darm hinterlassen hat?«

»Kaugummi!«, riefen die beiden genialen Jungkriminalisten wie aus einem Munde.

Und Nicole frohlockte: »Die Frischluftzufuhr zeigt Wirkung!«

»Schön, dass ihr euch einig seid. Gute Idee, definitiv. Die hat was. Nichtsdestoweniger Einwände vom Häuptling persönlich: Ein Kaugummi im Mund des Toten wäre bei der Obduktion hundertprozentig entdeckt worden. Der Willi hat jedoch nichts davon gesagt oder in seinem Bulletin festgehalten. Im Todeskrampf verschluckt hat ihn der Thanner auch nicht, sonst wäre er bei der Aufzählung des Mageninhalts verzeichnet. Aber da steht nichts. Nothing, nada, cero, niente.«

»Vielleicht hat er ihn ausgespuckt? Kann sein, dass das Gift trotz intensiven Minzegehalts zu schmecken war. Oder, weil der Professor die Hautreaktion im Mund spürte.«

»In diesem Fall wäre der Kaugummi von den Spurenheinis gefunden worden, Seiler. Steht allerdings nicht in der Auflistung der eingetüteten Dinge. Das hätten sogar unsere Pappnasen nicht übersehen.«

»Halt Chef, da war etwas mit einem Kaugummi. Der Joe hat so was angedeutet.«

Tatsächlich hatte Nicole vom Arbeitskameraden aus der Spurensicherung erfahren, dass er auf einen solchen getreten und von seinen Arbeitskollegen deswegen gehänselt worden war. Schließlich müsse er als Ständigkauer damit rechnen, dass man in einer Schule auf Kaugummis treffe wie auf Minen in einem umkämpften Kriegsgrenzgebiet.

Er habe eine neue Schutzhülle über seinen Schuh gezogen.

Nicole wählte Chewing-Joes Nummer. Bald wusste sie mehr zu verkünden.

»Der Kaugummi ist nicht untersucht worden.«

»Natürlich nicht. Sind ja alle Nasenbohrer«, kommentierte der Abteilungsleiter.

»Der Joe leitet ihn gleich zur Begutachtung weiter. Den Plastikschutz mit dem Übeltäter hat er nämlich sehr wohl aufgehoben. Doch keine kompletten Nasenbohrer!«, verteidigte Nicole die Mannschaft der Spurensicherung.

Eckensperger schloss sich dieser liebenswürdigen Sichtweise nicht an.

»Ach, was. Wenn der einmal den Dienst quittiert, hinterlässt er eine Lücke, die ihn vollständig ersetzt!«

Du verstehst mi ned

»Die ganze Truppe neuerlich zu einem Verhör zusammentrommeln?«, wetterte der Schulwart des Privatgymnasiums empört. »Was das Zeit kostet! Und mich macht der Herr Verwalter wieder dafür verantwortlich.«

»Das ist kein Verhör, sondern eine Befragung. Und soviel ich weiß, werden ihre Putzkräfte pauschal und nicht nach Stunden abgerechnet. Es ist folglich deren Freizeit, die sie uns zur Verfügung stellen. Vorher denken, dann matschkern, würde mein Chef fordern.«

Nicole ging die Ortsangaben und Zeitabläufe nochmals mit der Putzkolonne, bestehend aus einem Mann und drei Frauen, allesamt Personen mit Migrationshintergrund und dementsprechend mangelhaften Deutschkenntnissen, durch.

»Von Ihnen hat dezidiert niemand Professor Thanner am Dienstag ungefähr um diese Zeit gesehen? Und eine Banderole oder womöglich eine Silberfolie von einem Kaugummi wurde auch nicht gefunden?«

»Jo, hab' i«, meldete sich Ivanka Jovanovic schüchtern zu Wort.

»Was?«, hakte Nicole nach.

»Hab' i Professa Thanner gesehen und …«

»Wieso haben Sie denn das nicht bereits vorgestern der Polizei berichtet, Frau Jovanovic?«

Nicole war fassungslos und dankte dem an diesem Ort traditionell zuständigen Allmächtigen, dass Eckensperger nicht anwesend war. Der hätte die arme Reinigungskraft ordentlich eingeschüchtert und in ihre Einzelteile zerlegt.

»Keina fragta, ob i Professa gesehen. Nur, ob Gedicht bekommen. Hab' i nix bekommen und so nix gesagt dazu. Bitte sagen Ivanka.«

Nicole wunderte sich. Von einem Gedicht war ihrem Wissensstand nach nie die Rede gewesen.

»Sie meinen den Zettel mit der Drohung?«

»Nein. Nix Drohung. Hab' i erst Gesicht verstanden. Kann aba nicht Gesicht von Professa bekommen, so muss Gedicht sein. Oder?«

Nun ging der Ermittlerin ein Licht auf.

»Ob Sie ihn zu Gesicht bekommen haben, wird der Polizeibeamte gefragt haben.«

»Jo!«, strahlte Ivanka. »Das fragta!«

»Sie haben den Professor demzufolge gesehen? Wann war das und wo?«

»No, waren wir schon bei Phisiksaal, hab' i gemerkt, dass Putzlappen vergessen in Chemiesaal kleines. I glei zurück, ist Professa da. I entschuldigen, weil stören, aba er freindlich wie imma. Nimmta Kaugummipackel und drückta letzten raus.«

»Es war somit eine Blisterpackung wie bei Filmtabletten, Ivanka?«

»Nix Film, alles live. I zu ihm sagen: ›Gibst du mir Packel, Dokta, nimm i glei mit!‹ Imma freit sich Professa, wenn i sag' Dokta zu ihm. Nehm' i Hille und steck' in Sack von Arbeitsmantel. Dann grisse noch, schenen Tag wünschta. Er sagt ›Du sein Beste‹. Dann i furt. Mit Putzlappen. Mussta tummeln. Wann nicht, Boris wird bese und schimpfta.«

Der Mann aus der Truppe warf Ivanka einen finsteren Blick zu.

»Ich denke, bis auf Ivanka können alle gehen. Oder hat noch jemand einen Hinweis?«

Die drei schüttelten stumm den Kopf. Danach verdrückten sie sich rasch, nicht ohne sich mehrmals scheu nach ihrer Gefährtin umzudrehen.

»Warum, Ivanka, haben Sie uns das denn nicht erzählt?«

»Wegen Packel leeres? I Polizei gesagt, wann finden Messer blutiges oder Schießgewehr, aba nicht wegen Mist wie Schneiztichel oder Papierl.«

»Verstehe, das ist Ihnen also nicht wichtig erschienen. Haben Sie auf dem Tisch oder anderswo ein Glasröhrchen gesehen? Unten abgerundet, oben offen?«

»Glaube, dass ja. Aba Professa imma hatta so Sachen fir Experimente, was stinkta und raucht.«

»Sicher sind Sie sich nicht? Nun gut, wie ging es weiter? Sie sind dann raus aus dem Labor, durch den Chemiesaal zurück zu Ihrem Trupp. Haben Sie nachher noch irgendetwas gehört vom Professor? Hat er gestöhnt oder geschrien?«

»Nein. Von Professa nix mehr hörta. Aba irgendwas plumpsta. Buch schweres oder Sackel?«

»Und da sind Sie nicht erneut zurück und haben geschaut, was passiert ist?«, wandte Nicole befremdet ein.

»Na werd' i mich hiten. Mecht i glei noch amal kommen miss'n mit Bes'n oder Putztichel. Und Boris imma …«

»… wird rasch ungehalten, hab' ich verstanden. Danke, damit haben Sie uns entscheidend weitergeholfen, Frau Jovanovic. Und ›zu Gesicht bekommen‹ bedeutet ›etwas sehen‹ – das merken Sie sich jetzt bestimmt!?«

»Krieg' i Strafe, weil friher nix erzählt von Kaugummipackel? Ah, hab' ich noch do bei mir in Tasche.«

Ivanka klopfte von außen auf ihre rechte Mantelseite. Das leise Knistern entzückte die Polizistin.

»Das ist gut! Und Strafe droht Ihnen keine. Sie müssen lediglich Ihre Aussage unterschreiben. Ihre Fingerabdrücke haben die Kriminaltechniker bereits vorgestern genommen. Falls Ihnen etwas unklar ist, fragen Sie nach. Haben Sie das verstanden? Ja? Gut so. Und die leere Verpackung möchte *ich* gern aus Ihrem Kittel nehmen. Nicht angreifen!«

Nicole zog ihre Untersuchungshandschuhe über und fischte die Blisterpackung sorgsam aus Ivankas Manteltasche. Die Reinigungsfrau sah ehrfürchtig zu.

»Wieso Fingerabdrücke von mir und Kollega? Wer sollta Dokta umbringa? Sind alle froh, dass Arbeit in so scheene Haus.«

»Machen Sie sich keine Sorgen. Die Abdrücke brauchen wir zum Vergleich, um festzustellen, welche der sichergestellten Spuren von fremden Personen oder Verdächtigen stammen. Noch eines: Als Sie wieder zu ihrer Truppe zurückgegangen sind, haben Sie da einen Schüler *zu Gesicht bekommen*?«

Ein freudiges Lächeln überzog Ivankas Antlitz.

»No, hab i nicht zu Gesicht bekommen, aba *geheert* hab' i den. War der, was hilft Professa seit neichestem in Früh. Der imma plärrta in Handy, dass hallta durch Stiegenhaus.«

»Danke, Ivanka, da haben Sie uns heute enorm geholfen!«

Die sachdienlichen Hinweise waren für die Bestimmung des exakten Todeszeitpunkts verwertbar und bestätigten zudem, dass Schüler Holt wie angegeben erst nach dem Ableben des Professors am Unglücksort eingetroffen war. Wäre Frau Jovanovic etwas neugieriger oder dienstbeflissener, hätte wohl sie den Toten entdeckt.

Das neue Beweisstück schloss Nicole sorgsam in einem Plastiksäckchen ein und brachte es auf direktem Weg zur Spurensicherung. Vielleicht ging sich dort ein kurzer Tratsch mit Joe aus?

Während der Hauptkommissar mit einem weiteren Wettlokal bezüglich eventueller Spielschulden von Wolfram Paschinger konferierte, klopfte es ungeduldig an der Bürotür.

»Wird das irgendwann mal was mit einem Klopfen in normaler Lautstärke«, meckerte Eckensperger und deckte solange mit der freien Hand die Sprechmuschel des Festnetzapparats ab.

Statt der erwarteten Praktikantin betrat der Polizeidirektor den Raum und warf dem unbeugsamen Abteilungsleiter einen wütenden Blick als Vorspiel des Kommenden entgegen. Dieser war noch nie gut im Deuten von Mienenspiel und Körperhaltung, schon gar nicht von leisen Untertönen gewesen und begrüßte seinen Chef halbwegs frohgelaunt mit »Der alte Specht, der klopft echt schlecht«.

»Kollege Eckensperger, hängst du an der Sexhotline? Oder was hält dich ohne Unterbrechung am Telefon? Seit über einer Stunde versuche ich, dich zu erreichen! Keiner kann mich durchschalten. Das Diensthandy vertröstet mich mit einer trivialen Ansage, die ich bereits mitrezitieren kann. Was soll das?«

Die Laune des landesweiten Polizeiobersten war im Keller. Der Kommissar bedankte sich bei seinem unsichtbaren Gesprächspartner am anderen Ende der Leitung in formvollendeter Manier, dann wandte er sich seinem Vorgesetzten zu.

»Ich bin am Ermitteln. Wie du weißt, beschäftigt uns ein Mordfall, der zügig aufgeklärt werden soll. Wir sind inzwischen entscheidende Schritte weiter.«

»So, so, mutmaßlich die Nacht durchgearbeitet?! Davon zeugen deine dunklen Augenringe!«, meinte der Polizeichef gönnerhaft.

»Ach was, das sind bloß Schatten großer Taten. Nichtsdestotrotz hast du recht, ich bin fast rund um die Uhr am Werk. Deshalb ist der Akku vom Diensthandy leer. Wenn nämlich der vielbeschäftigte Zuständige vor lauter Nachforschungen nicht zum Essen kommt, gibt's fürs Handy auch kein Ladekabel zum Auftanken. So einfach ist das!«

»Mir kommen gleich die Tränen. Allerdings nicht vor Mitleid, sondern aus Zorn. Vorhin sind sie eingelangt die Beschwerden über deine unsensible Vorgangsweise. Und zwar von nahezu höchster kirchlicher Stelle. Du tauchst unangemeldet in der Direktion des Privatgymnasiums auf? Lehnst Unterstützung von Schulverantwortlichen ab? Schüchterst Jugendliche ein? Bedienst dich unflätiger Ausdrücke? Ich hätte den Ärger voraussehen müssen, den es regelmäßig gibt, sobald du in besseren Kreisen agierst.«

»Jetzt brems' dich ein. Ich kooperiere sehr gut mit den Padres vor Ort. Habe stets einen an der Seite, wenn ich die Teenies befrage, die übrigens lang nicht so zartbesaitet sind, wie man dir weiszumachen versucht. Ich war selbstverständlich jedes Mal angemeldet, und mit Drohungen habe nicht ich begonnen!«

Eckensperger hatte mit haltlosen Unterstellungen und falschen Behauptungen seiner Gegenspielerin gerechnet, die darauf abzielten, möglichst viele Beteiligte, vor allem jedoch seinen Brötchengeber gegen ihn einzunehmen. Genau genommen hatte er die infamen Denunzierungsschüsse aus dem Hinterhalt sogar um einiges früher erwartet.

»Was die Wichtigtuerin von der Diözese betrifft: Da klafft Eigen- und Fremdwahrnehmung deutlich auseinander, wenngleich sie dies ausschließlich bei ihren Mitmenschen reklamiert. Ganz nach dem Prinzip: Wo der Zweck die Mittel heiligt, bleibt die Wahrheit unbeteiligt. Der bin ich nicht genehm, die will einen handzahmen Hosenscheißer, den sie nach Belieben gängeln, von ›ihren‹ Schulen fernhalten und mit einem Maulkorb versehen kann. Spar' dir also deine Vermittlungsversuche, ich tauge nicht zum Schoßhündchen. Mir ist bewusst, es gibt Leute, die mögen nicht, was ich sage. Damit muss ich klarkommen. Dabei müssten die erst meine Gedanken lesen!«

»Du mit deinen Sprüchen. Die soll der Teufel holen und dich gleich dazu!«

»Das wird sich der Teufel hoffentlich gründlich überlegen und vorher eine Menge Mut antrinken müssen. Überhaupt jetzt, wo ich quasi an der Weihwasserquelle sitze.«

Der Polizeidirektor wechselte die Taktik und appellierte an die Einsicht des Hauptkommissars.

»Gernot, du Hornochse, die Zeiten haben sich geändert! Die Methoden, Profiling und so, und das Auftreten der Polizei ebenfalls. Du weißt doch, die Presse, soziale Medien – wir sind ständig auf deren Radar. Geht das in deinen Dickschädel irgendwann einmal hinein oder sind die Bretter vor dem Kopf zu massiv?«

Nach Eckenspergers Prinzipien bestand jedoch lediglich ein schmaler Grat zwischen Besonnenheit und Duckmäusertum.

»Die *Zeiten* mögen sich ändern … und manche mögen dem Druck nachgeben und sich den neuen Gegebenheiten oder Darmwindungen anderer anpassen. Aus mir machst du keinen Kriecher. Das hat bisher niemand geschafft. Da du dich derartig aufregst, wird die Order vermutlich von weit oben kommen!?«

»Dessen kannst du sicher sein. Von weit oben, von ganz weit oben.«

Eckensperger heuchelte Bestürzung und Anteilnahme.

»Allmächtiger!«

»Na von so weit oben wieder nicht, aber bedeutend genug, dass man mir die Hölle heiß macht und dir der A*** auf Grundeis gehen sollte!«

Der Kommissar verzichtete auf die Anmerkung, die Hölle sei im allgemeinen Verständnis in der Unterwelt angesiedelt, nicht in höheren Sphären. Trotzdem konnte er sich ein süffisantes Schmunzeln nicht verkneifen.

»Das sind ja eklatante Temperaturstürze innerhalb von Zehntelsekunden!«

»Schluss jetzt! Dir wird das blöde Grinsen bald vergehen«, tobte sein Vorgesetzter, der in seine Ausgangsrolle des unerbittlichen Befehlshabers zurückgefunden hatte. »Ich habe dir bereits früher – deutlich schätze ich – gesagt, dass ich mich von Schnellschüssen aus der

Hüfte deinerseits distanzieren werde. Du verkennst den Ernst der Lage, Ecki. Da rennen Verbindungen, die durchschauen Leute wie du nicht. Es wird wirklich besser sein, wenn ich dir den Fall entziehe. Eventuell … übertrage ich ihn … dem Polak. Der wollte sich längst bewähren.«

»Dem Polak, dem Sesselfurzer? Der findet doch den Weg zur Asservatenkammer nur mit Navi, ohne Betriebsanleitung nicht in seine Schuhe und die Beilagen auf seinem Teller nicht ohne Lageplan! Der kann dich vielleicht mit hochtheoretischem Blabla aus seinen Fortbildungskursen und durch formvollendetes Auftreten beeindrucken, aber vom wahren Ermittlungsalltag hat der keinen blassen Schimmer. Und wer, bitte schön, soll den Wunderwuzzi unterstützen?«

»Na, deine Leute! Die sind in den Fall unterdessen eingearbeitet.«

Eckensperger schluckte die harsche Antwort, die sich auf seine Zunge gedrängt hatte, hinunter. Aus Erfahrung wusste er, dass Gegenargumente und Insistieren beim Polizeiobersten nichts ausrichteten. Das befeuerte lediglich dessen Machtgefühle. Je weniger man durchblicken ließ, an einer Sache interessiert zu sein, desto eher konnte man damit rechnen, die eigenen Wünsche und Vorstellungen durchzusetzen.

»Wie du meinst«, bekundete er demzufolge in ostentativ unbeteiligtem Tonfall. »Der Seiler ist ja frisch aus dem Urlaub zurück und daher bestens erholt. Und Fräulein Sedlacek wird in ihrer feinfühligen Art großartig mit den Beschuldigten zurechtkommen. Derzeit kristallisiert sich ein Kleinganove namens Paschinger als Hauptverdächtiger heraus. Mehrere Vorstrafen, illegale Wetten, Schwarzhandel – die üblichen Gaunereien in dem Umfeld halt. Ein hartnäckiger Schweiger noch dazu. Die werden das super meistern, meine zwei Mitarbeiter unter der Führung von Raimund Polak. Einer witzelt, eine empathisiert und der neue Leiter macht sich dezent und obrigkeitstreu ins Hemd. Großartig! Und was habe ich zu tun? Soll ich in der Zwischenzeit mit Fräulein Hofstädter die Aktenablage und den Telefondienst übernehmen? Darin bin ich schon geübt. Beschwer' dich nur nicht, wenn meine Leitung ständig besetzt ist. Oder du schaltest eine Annonce: ›Langgedienter Polizeibeamter abzugeben. Recht guter Allgemeinzustand, mittlerweile leider unbrauchbar.‹ Dann bist du mich endlich los.«

»Ecki«, knirschte der Polizeilandeschef hinter zusammengepressten Zähnen, »treib's nicht zu weit. Ins Stiftsgymnasium gehst du mir kein weiteres Mal. Das ist eine Dienstanweisung. Die Schnüffeleien im geschilderten, kleinkriminellen Milieu lass' ich dir. Dennoch will ich bald Ergebnisse und keinerlei Beschwerden mehr, sonst bist du weg von dem Fall, so schnell kannst du gar nicht ›Ich bin voll im A***‹ sagen. Schönen Tag noch.«

Mit diesen Worten drehte er sich um und verließ die Amtsstube, ohne eine Reaktion abzuwarten.

»Ach, jeder Tag ohne Zettel am Zeh und ohne Rundumkühlung ist ein schöner Tag, Schweindi!«, schickte ihm Eckensperger entspannt und als Ausgleich für die zweimalige ›Ecki‹-Titulierung hinterher.

Seiler, der verdeckt durch die hohe Rückenlehne seines Schreibtischsessels den Disput ›unsichtbar‹ mitbekommen hatte, beschwichtigte teilnahmsvoll: »Boss, nicht ärgern, nur lächeln. Sie können schließlich nicht alle töten, die Ihnen auf die Nerven gehen.«

»Danke für den hervorragenden Tipp. Aber ich gehe auch an diese Aufgabe positiv *und* konsequent ran. Ich kann es zumindest versuchen! Einen nach dem anderen.«

Männer meiner Phantasie

In der Polizeikantine ging es ähnlich aufgeregt zu wie bei einem hektischen Börsengang. Der ›Besuch‹ des Polizeidirektors beim Leiter der Kriminalabteilung war Thema Nummer eins in der Mittagspause.

Etliche Grüppchen standen beisammen und tauschten Meinungen aus. Vermutungen wurden angestellt, die junge Praktikantin mit Fragen überhäuft – schließlich hatte sie das Ohr am nächsten zu dem gehabt, was hinter verschlossener Tür in erheblicher Lautstärke abgelaufen war.

Über Eckenspergers unkonventionelle, kompromisslose Art wusste man sich jede Menge Geschichten zu erzählen. Jene, die länger im Dienst waren, hatten amüsante Anekdoten auf Lager, die Frischlinge lauschten verzückt.

Legendär und bezeichnend zugleich war beispielsweise ein Wortwechsel zwischen dem Hauptkommissar und seinem früheren Assistenten Michael Mauser, der von allen – was auf der Hand lag – ausschließlich Micky Maus genannt worden war. Auf dessen Frage »Warum haben Sie dem Einbrecher damals ausgerechnet in den Allerwertesten geschossen?« soll der Angesprochene trocken klargelegt haben »Weil der Mistkerl zum Treten zu weit weg war!«

Sebastian Seiler hatte diese Vorgehensweise seines Vorgängers auf die ihm eigene, kecke Art interpretiert: »Um der Wahrheit die Ehre zu geben, war er einfach zu bequem gewesen, dem Dieb nachzulaufen, über Zäune zu klettern oder über vor ihm umgeworfene Sessel, Mistkübel oder Fahrräder zu springen.«

Ein gemütlich aussehender, rotgesichtiger Polizist in Uniform stand breitbeinig am Kaffeeautomaten und wusste von einem Schlagabtausch Eckenspergers mit einem Lokalpolitiker, der bei der Befragung stets elendslange, nichtssagende Antworten gegeben hatte, zu berichten: »Unterbricht der Gernot den Politheini schamlos mit ›Wo ist der Bus?‹. Fragt dieser ganz entgeistert: ›Welcher Bus?‹. Sagt der Ecki glatt: ›Der mit den Leuten, die das interessiert, was Sie schwafeln!‹. Ist das zu glau…«

Als der soeben Erwähnte die Kantine betrat, blieb dem launigen Unterhalter die letzte Silbe im Hals stecken. Schlagartig wurde es still. So still, dass man die sprichwörtliche Schrotkugel fallen hätte hören können.

Der Blutdruck des Erzählers schoss, ausgelöst durch die ungebührliche Nachnamensverniedlichung, in ungeahnte Höhen.

»Sind wir hier bei Seitenblicke«, grantelte Eckensperger. »Weil mich alle so von der Seite anblicken? Habt ihr keine gescheiteren Hobbys? Ich bin nicht, wie ihr alle glaubt. ICH BIN SCHLIMMER. Dabei ist mir völlig klar, dass ich allmählich umgänglich werden sollte, denn umwerfend fesch und unwiderstehlich werde ich nicht ewig sein.«

Von einem der Tische erhob sich ein langgedienter Beamter aus dem Fahndungsbüro und begann langsam, aber deutlich zustimmend zu applaudieren. Nach und nach standen weitere der Sitzenden auf und klatschten mit.

Zuletzt schlossen sich zögerlich die wenigen Frauen im Raum dem Beifall an. Sie hatten sich vorerst aus gutem Grund zurückgehalten.

Allzu oft hatte der Leiter der Mordkommission Machosprüche auf Kosten ihres Geschlechts losgelassen.

Bekannt war er für seine Überlegungen zur Abstrusität der deutschen Sprache. »Verstehe einer den Sinn, warum ›Logik‹ mit einem weiblichen, ›Zufall‹ jedoch mit einem männlichen Artikel ausgestattet ist. Bei ›der Verstand‹ und ›die Intuition‹ hat es schließlich auch seine Richtigkeit.«

»Spart euch eure Energie für die Arbeit«, stoppte Eckensperger die Ovationen. Wissend, dass sich inmitten der Begeisterten der eine oder andere verbarg, der die Szene, angereichert mit einigen Unwahrheiten oder Übertreibungen, brühwarm dem Polizeidirektor stecken würde. Die Motive waren vielfältig – Naivität, Dummheit, Schadenfreude, Neid, Bosheit oder, um sich mit Kalkül einen beruflichen Vorteil zu verschaffen.

Zu tun hatte er ebenfalls genügend.

Nicht nur, dass ihm sein Vorgesetzter im Nacken saß, wurmte es ihn gewaltig, im aktuellen Fall nach wie vor auf der Stelle zu treten.

In solchen Fällen hatte er sich früher relativ entspannt auf seine beiden zusätzlichen, unverzichtbaren Hilfskräfte, Inspektor Zufall und Kollege Geistesblitz, verlassen. Sogar ins sportlich-gesunde Ambiente eines Biothermenhotels waren sie ihm im letzten Herbst gefolgt. Nun hielten sie sich diskret im Hintergrund, eingeschüchtert von kühlen Klostermauern, einer überheblichen, sich überschätzenden Diözesanverantwortlichen, einer resoluten Haushaltshilfe sowie widerlichen Reptilien und schleimigen Amphibien. Deshalb machte Eckensperger seine angeborene Ruhelosigkeit deutlich mehr zu schaffen. Nicht umsonst hatte er angesichts der Untersuchungen im kirchlichen Umfeld ein Stoßgebet zum Himmel geschickt: »Lieber Gott, schenke mir eine Portion Geduld, … aber plötzlich!«

Er ertappte sich beim Zeichnen eines Galgens, an dem ein kraftloses Strichmännchen baumelte. Neben fünf weiteren, mehr oder minder gelungenen Darstellungen desselben Motivs übrigens. Wann immer Eckensperger beim Ermitteln nicht vom Fleck kam, begleitete seine Schreibhand unbeaufsichtigt die verschiedenen Gedankenansätze und füllte vormals leere Stellen in seinem Notizblock mit diesem Lieblingssujet.

Das Läuten des Festnetzanschlusses ließ ihn abrupt in seiner Hinrichtungsorgie innehalten.

»Was gibt's?«, schnauzte der Kommissar in's Telefon.

»Ein Doktor Imre Pap verlangt Sie zu sprechen, Herr Abteilungsleiter. Darf ich durchstellen?«, meldete sich Frau Hofstädter in herkömmlich zaghafter Manier aus dem Nebenraum.

»Kenn' ich nicht«, gab Eckensperger zurück.

»Er Sie genauso wenig, hat er gesagt. Und, dass er Rechtsanwalt ist und Sie im Auftrag seines Mandanten gern persönlich kontaktieren möchte.«

Rechtsanwalt? Das klang nicht gut. Hatten jene, die sich von ihm auf die Zehen getreten fühlten, nicht nur Beschwerde bei seinem Dienstgeber geführt, sondern wollten ihn obendrein mit einer Klageandrohung einschüchtern? Die Verbindungen zwischen Diözese und höheren Beamten in der Politik waren auf Grund wechselseitiger Zugeständnisse inniger als die meisten für möglich hielten.

Soviel war selbst ihm klar.

»Den hätten Sie gleich an unsere juristische Abteilung verweisen sollen. Sind Ihnen die internen Abläufe noch immer nicht geläufig?«

»Wenn er Sie doch ausdrücklich *persönlich* sprechen will. Er klingt irgendwie besorgt.«

»Besorgt sind wir alle. Also verbinden Sie mich, zum Henker«, schnaubte der Kommissar mit einem nickenden Grinsen auf seine dahingeschiedenen Strichmännchen.

Nach einem leisen Knacken in der Leitung hatte er den Anwalt am Apparat.

»Servusdoc! Jó étvágyat!«, meldete sich Eckensperger, der von seinen Wochenendausflügen nach Sopron einige fremdsprachige Floskeln draufhatte. »Derart kurze ungarische Namen ist man ja gar nicht gewöhnt. Wie kann ich Ihnen helfen?«

»Köszönöm. Aber bemühen Sie sich nicht. Ich bin in der dritten Generation hier ansässig. Sie ermitteln im Zusammenhang mit dem Ableben von Magister Simon Thanner? … Er war mein Mandant.«

»Sehr interessant. Wie ist das zu verstehen?«

»Nun, ich hörte, die Polizei geht von einem Mord aus?«

»Exakt. Falls Sie folglich etwas zur Klärung beitragen können …«

»Simon Thanner hat nach einer Erbschaft vor knapp vier Monaten persönliche Unterlagen sowie Sparbücher bei mir hinterlegt, die nach seinem Ableben dem rechtmäßigen Erben auszuhändigen sind. Mehr will und kann ich dazu am Telefon nicht sagen. Immerhin handelt es sich um eine beträchtliche Summe.«

»Eine Erbschaft, soso. Und Papiere. Persönliche Dokumente sind mir bei der Durchsuchung seiner Wohnung schon abgegangen. Wieso erfahre ich das erst jetzt von Ihnen?«

»Wie ich Ihrer Sekretärin zuvor erläuterte, tut es mir unsäglich leid, aber ich war seit vorgestern gewissermaßen außer Gefecht. Konkret lag ich nach einem Sturz mit dem Mountainbike mit Gehirnerschütterung für zwei Tage im Spital und wurde von allen Nachrichten abgeschirmt. Das Nachlassgericht hat mich daher nicht vor heute erreicht.«

»Da soll mir einer erzählen, Sport sei gesund«, nörgelte der Kommissar leise und fügte deutlicher »Verstehe! Wann können wir uns treffen?« hinzu.

»So eine Schlamperei«, schimpfte Eckensperger am Beginn der Fallbesprechung nach seinem Termin mit Doktor Pap. »Da hat keiner von euch im engsten privaten Umfeld unseres Mordopfers recherchiert? Überprüft, ob die Eltern noch leben? Irgendjemand wird doch die Angehörigen informiert haben?«

»Genau genommen haben *Sie* das dem Schuldirektor zugesagt«, hielt Nicole dagegen.

Der Zurechtgewiesene blätterte in seinem Notizblock. Tatsächlich fand sich ein entsprechender Eintrag. Ein massives Versäumnis, das ihm da unterlaufen war, würde sein selbstherrlicher Vorgesetzter zu Recht monieren. Er konnte nur hoffen, dass ein Beamter vor Ort die Schwester über das Ableben des Professors in Kenntnis gesetzt hatte und sie die Nachricht nicht über den Notar des Verlassenschaftsgerichts auf der Suche nach dem Testament oder Erben erhalten hatte.

Möglicherweise bestand wegen des geringen Kontakts kein großes Interesse an Simons Verbleib? Eckensperger musste sich schleunigst mit der Pathologie in Verbindung setzen, ob Angehörige bezüglich der Freigabe des Leichnams angefragt hatten.

Ein sanfter Signalton auf Nicoles Diensthandy ließ die drei aufhorchen.

»SMS vom Joe aus der KTU: Kaugummi untersucht, Auswertung im Bericht am PC.«

Der unerwartete Themenwechsel half, die aufgeladene Situation zu entspannen. Alle drei fanden sich friedlich vereint vor Eckenspergers Bildschirm ein.

»Folglich wurde in der Tat darin Gift nachgewiesen, sogar ein richtiger Cocktail wie Doktor Weißenthal aufzählt. Sieh dir diese Namen an! Das kann ja kein Mensch aussprechen, ohne sich die Zunge zu verrenken. Haben jene, die solche Wortungetüme erfinden, zuvor Ähnliches geschluckt? Oder ist ihnen die Scrabble-Spieleschachtel auf den Boden gefallen, und sie haben die sich willkürlich ergebenden Buchstabenkombinationen der Einfachheit halber gleich als Bezeichnung verwendet? Vielleicht gibt es einen alljährlichen Preis für das ungewöhnlichste Silbengebilde? Wie auch immer – jemand hat sich ordentlich Mühe gegeben, den Professor mit mehreren Zutaten ins Jenseits zu befördern. Ob das eine Schülerin oder ein Schüler zustande bringt?«

»Nicht jeder x-beliebige, Fräulein Unaussprechlich. In diesem Privatgymnasium jedoch gibt es neben einem philippinischen Vorzugsschüler mit landesweiter, naturwissenschaftlicher Medaillensammlung überdies lernbegierige Nachkommen von Apothekerinnen oder Ärzten. Aber das ist es ja nicht allein. Zur

Umsetzung braucht es außerdem eine Spritze mit feiner Nadel, um dem Kaugummi das Gift einzuimpfen plus die Gelegenheit, an ein Päckchen von Thanner heranzukommen. Da drängen sich mir andere Kandidaten als die Kids auf. Wie passt denn dieses Puzzleteilchen zu den Nachrichten, die ich beisteuern wollte?«

Mittlerweile war es weit nach 17 Uhr geworden. Die Büros im Haus leerten sich zusehends wie die Schachtel mit den Schoko-Kaffee-Pralinen, die Eckensperger aus seiner Schreibtischlade geholt hatte. Endlich kam der Kommissar dazu, sein kleines Team über das Ergebnis des Austauschs mit Anwalt Pap zu informieren.

»Das wirft ja ein völlig neues Licht auf die Sache!«, staunte Sebastian Seiler. »Sind offenkundig Mutter und Vater bald hintereinander verstorben und haben dem Thanner ein nettes Sümmchen hinterlassen. Das rückt für ein weiteres Mal den Paschinger ins Rampenlicht. Wer sonst sollte vom Geldsegen erfahren haben?«

»An der Schule hatte dezidiert niemand gewusst, dass die Eltern nicht mehr leben«, bestätigte ihn Nicole. »Womöglich war deren Tod ein verstärkender Auslöser für seine reduzierten Sozialkontakte.«

»Keine psychologischen Kurzschlüsse!«

»Sie meinen Rückschlüsse, Chef!«

»Ich meine Kurzschlüsse, Fräulein Nachhilfelehrer. Und das bewusst im Plural. Der Paschinger?! Seiler! Dass ich nicht wiehere. Sind Sie grundsätzlich vernagelt oder haben Sie nur Pech beim Denken? Der ist doch der Prototyp eines Mitläufers, weder Stratege noch sorgfältiger Planer. Überlegen Sie: Der benötigte den Thanner für seine illegalen Verkäufe, den Bandenboss für seine kriminellen Machenschaften und dubiose Dienstgeber für seine Schwarzarbeit. Der aktuelle Mord sieht mir nach einem abgefeimten, durchaus cleveren Soloakt aus. Interessiert eigentlich irgendjemand, wer der Begünstigte in Thanners Testament ist?«

»Ein Mann also?«

»Nein, Herrgott noch mal! Oder Fraugöttin noch mal, bevor Sie mich fressen. Sie mit Ihren ›in‹-Anhängseln und ›der-‹ beziehungsweise ›die-Nennungen‹! Das geht mir so was auf den Keks. Wir wären heute bei den Fällen von vor fünf Jahren, wenn wir vom Anbeginn meiner Tätigkeit die Redezeit auf diese Weise künstlich verlängert hätten!«

»Möglicherweise sinkt unsere Aufklärungsrate ja deshalb?«, warf Seiler unpassend ein.

»Erstens sinkt sie nicht, höchstens die Anzahl unserer Schoko-Kaffee-Goodies. Übrigens in der gleichen Rasanz wie meine Laune. Und sollte unsere Rate je absacken, dann garantiert auf Grund von Leuten wie Ihnen. Wie habe ich das verdient? Eine Emanze und eine Witzfigur an meiner Seite.«

»Ich und Witzfigur? Pah! Was war denn dann mein Vorgänger, der Herr Micky Maus? Interessanterweise nennt sich der jetzt Mike, the Spike, seit er bei der Sitte arbeitet. Macht sich besser im Milieu. Ein leibhaftiges Comictierchen wird nicht wirklich ernst genommen in der Szene. Aber ich bin eine Witzfigur …«

»Zurück zum Fall«, mahnte Nicole deeskalierend, obwohl sie ihrem Chef angesichts dessen Genderlästerungen lieber an die Gurgel gegangen wäre. »Eine Frau, soso? Von der Erbfolge her liegt es auf der Hand: seine Schwester! Die hatten wir bisher überhaupt nicht auf dem Radar. Natürlich könnte Thanner ebenso seine Verflossene, die Werner begünstigt haben. In diesem Fall hätte sie uns ein schwerwiegendes Motiv verschwiegen. Die aggressive Biologieaktivistin wird er eher nicht bedacht haben. Nachdem Blut dicker ist als Wasser, tippe ich entschlossen auf seine direkte Verwandte.«

»Mitnichten die Schwester! Die hat bereits eine ebenso große Erbschaft wie der Professor eingestreift. Was sie freilich keineswegs entlastet. Gier ist und bleibt ein starkes Motiv. Und doppelt hält auch im Fall von 120.000 Euro besser beziehungsweise länger. In diesem Zusammenhang würde ich übrigens in Erfahrung bringen wollen, wer sich an der letzten Praline vergriffen hat. Dem braunen Fingertapper auf Ihren Unterlagen nach zu schließen, offenbar Sie, Fräulein Naschkatze?!«

Nicole wies den Verdacht energisch von sich.

»Eim näschter umaufgeklärter Fall, Bosch? Schlecht für'sch Image und für'sch Schelbstbewuschtsein ausch. Ja, eime verschwundene Packung Konfekt fällt weniger auf als eime amgebrochene. Alscho, wer erbt?«, fragte Seiler mit vollem Mund nach.

»Schokodieb entlarvt! Seiler, ich dachte, Sie essen keine Schokolade?«

»Eh nicht, ich gebe nur Kalorien ein Zuhause. Nebenbei bemerkt geht Schoko als Obst durch. Schließlich wachsen die Kakaobohnen auf Bäumen. Zu meiner Frage: Was sagt das Testament, Boss?«

»Mangels direkter Nachkommen oder einer festen Partnerin hat Thanner in seinem letzten Willen Schenkungen an einige Umweltschutzorganisationen vorgesehen. Vermutlich aus Reue wegen seiner unzähligen Flugmeilen. Den Rest von zirka 70.000 Euro vermacht er mit Dank für jahrzehntelangen Dienst seiner treusorgenden Perle. Nachdem es in unserem Land keinen Pflichtteil für Geschwister gibt, geht die Schwester in diesem Fall leer aus.«

Nicoles warmherziges Gemüt meldete sich spontan: »Das freut mich für die Pauline, die hat es echt nicht leicht gehabt! Ihr Lebensabend ist gesichert.«

Seiler pfiff durch die Zähne. Seine Querverbindungen schlugen eine gänzlich andere Richtung ein.

»Da hat eine ein gehöriges Motiv! Und die Schnapsindustrie wird saftige Zuwächse verzeichnen.«

Eckensperger resümierte: »Ob die trinkfreudige Haushaltshilfe genügend Grips für einen Giftanschlag aufbringt, wage ich zu bezweifeln. Irgendwie werde ich das Gefühl nicht los, ich habe etwas übersehen. Kollege Geistesblitz war schon mal zuverlässiger. Seit der genialen Meldung zur Schlüsselkopie beim Auftritt des schwarz-in-schwarz gekleideten Fräuleins Krambüchner-Lehenhof ist der auf Tauchstation. Gewusst könnte Frau Kratochwil von der Erbschaft durchaus haben, so gewissenhaft wie sie die Wohnung und die Wäsche des Professors sauber gehalten hat. Da stolpert ein neugieriger Putzteufel bald einmal über ein amtliches Schreiben, das ihn nichts angeht. Der Anwalt hat eine diesbezügliche Andeutung zum Misstrauen von Thanner gemacht. Darum muss ich mich morgen erneut mit der Kratochwil unterhalten, bei ihr zu Hause. Vielleicht finde ich da heraus, was ich *ge-* und trotzdem *über*sehen habe. Bis dahin wird der Brief des Rechtsanwalts mit der frohen Kunde bei ihr eingelangt sein. Hoffentlich feiert sie nicht mit einem dreitägigen Trinkgelage. Eine Unterredung mit ihr ist bekanntermaßen strapaziös genug. Seiler, Sie fühlen vormittags sicherheitshalber Jasille Mercado y Castillo auf den Zahn, ob er sich in Studien über exotische Gifte vertieft hat beziehungsweise ob er Zugang zu solchen gehabt haben könnte. Immerhin ist seine Mutter Krankenschwester, und er hatte Kontakt mit einer Apotheke hinsichtlich seines Sommerjobs. Vorher anmelden beim Direktor und schön höflich sein – ich hab' offizielles Schulbetretungsverbot. *Das* hätte ich mir in der Pubertät gewünscht. Und Sie, Fräulein Sedlacek, kommen morgens gleich mit mir mit. Zu unserer hochverehrten Frau Pauline Kratochwil.«

»Nicht schon wieder eine Autofahrt mit Ihnen, Chef. Da feiert bestimmt mein gutes Frühstück sein Comeback. Und noch was: Ich will ja meinen Artgenossinnen nicht in den Rücken fallen, aber warum sagen Sie zur Kratochwil immer ›Frau‹? Die ist mit Sicherheit mehr Fräulein als ich!«

Jö schau

»So kotzübel war mir zuletzt auf dem Polterabend meiner Freundin Irene vor drei Jahren.«

»Haben Sie mal überlegt, ob Sie schwanger sein könnten, Fräulein ›Bitte nicht so schnell in die Kurven‹-Quenglerin?«

»Das ist doch die Höhe! Die Ursache ist allein Ihre miserable, ungestüme Fahrweise! Mit quietschenden Reifen eine Ehrenrunde im Kreisverkehr? Bin gespannt, wie viel die rechte hintere Felge bei Ihrem Touché mit der Bordsteinkante abbekommen hat und ob der Reifen und vor allem die Achse ok sind. Das ist ein Dienstwagen, kein Autodromfahrzeug!«

»Und wir haben einen Einsatz und keine Fahranfängerstunde. Eine effektive Spurensicherung verlangt eine zeitnahe Untersuchung!«

Nicole überlegte, wie sie dem impulsiven Lenker ihre Sichtweise von Effizienz nahebringen konnte.

»Wenn Sie mir die Haare beim Vorbeugen halten, einen Magenbitter besorgen oder einen Reinigungstrupp fürs Auto organisieren müssen, ist der Zeitvorsprung im Nu dahin.«

Der konterte gewohnt kratzbürstig: »Ich hab' jetzt keinen Kopf für Ihre kritischen Untertöne. Würden alle in dem von Ihnen gewünschten Tempo fahren, bräuchte es keine Radargeräte, da könnte man Porträtmaler beschäftigen. Was kann ich dafür, dass uns der Anruf von Fräulein Hofstädter kurz vor der anvisierten Ausfahrt im Kreisverkehr erreicht und uns zurück in die Stadtmitte dirigiert? Polizeisiegel an der Professorenwohnung aufgebrochen ist schließlich kein Lercherlschas.«

»Chef, Ihre Wortwahl trägt nicht zur Beruhigung meines Magens bei. Ich muss rasch überprüfen, ob meine Körperteile noch fest dran sind nach diesem wilden Ritt.«

»Schaut alles aus wie immer. Die Kappe sitzt vielleicht ein bisschen schief. Neigen Sie am besten den Kopf leicht zur Seite.«

Ebenso rasant wie Nicoles direkter Vorgesetzter auf den Straßen unterwegs war, bevorzugte er auch beim Ermitteln die Direttissima.

Deshalb übertrug er seiner Abteilung nur allzu gern die wenig versprechenden Erhebungen in Seitenfahrbahnen oder vermeintlichen Sackgassen eines Falls, die der Ordnung halber erledigt werden mussten.

Deshalb kam er in Vernehmungen ohne Umschweife auf den Punkt und handelte sich damit den berechtigten Vorwurf, rüpelhaft und grob zu agieren, ein.

Deshalb hasste er Umwege wie aufgebrochene Türsiegel, unauffindbare Zeugen oder den leidigen Schreibkram, der sich beständig auf seinem Tisch türmte.

Fatalerweise war zu befürchten, dass auf seine Geduld in Kürze abermals eine harte Probe wartete, wollte er den unwillkürlichen Bewegungen seines linken kleinen Fingers Vertrauen schenken.

Statt wie geplant vor dem Wohnort der Überraschungserbin, hatte sich Eckensperger mit einem abrupten Bremsmanöver unweit von Hausnummer 47 in der Reichenberggasse eingeparkt. Gemeinsam mit seiner bleichgesichtigen Mitarbeiterin stürmte er die zwei Stockwerke zur Wohnungstür des Mordopfers hinauf.

Ein abgekämpfter Uniformierter erwartete die beiden neben einer heftig gestikulierenden und aufgeregt auf ihn einredenden Frau Kratochwil.

»Wie oft soll ich Ihnen, in Dreiteufelsnamen, noch einhämmern: Das war ich nicht! Ich bin unschuldig«, keppelte sie.

»Unschuldig, unschuldig … was glauben Sie, wie häufig ich das höre? Das sagen sie alle!«, erwiderte der Streifenbeamte mit gelangweiltem Unterton.

»Na, wenn es alle sagen, wird es wohl stimmen! Und Sie werden es gefälligst ebenfalls zu Kenntnis nehmen, Sie Gesetzes*ver*hüter. Hat man Ihnen auf der Baum- oha … *Polizei*schule gar nichts beigebracht? Ich besitze einen Schlüssel zur Wohnung«, die Beschuldigte klimperte entrüstet mit ihrem Schlüsselbund knapp vor der Nase des Polizisten. »Hätte ich da die Tür aufbrechen müssen? Und wie könnte ich das mit meinen schwachen Gelenken und steifen Fingern?«

»Ruhe!«, donnerte Eckensperger, und an Pauline gewandt: »Ich dachte, im Stiegenhaus wird nicht gebrüllt? Was genau ist hier los?«

Erst jetzt entdeckte der Kommissar eine halboffene Eingangstür, war sich jedoch sicher, dass hinter den verschlossenen auf diesem Gang weitere neugierige Hausbewohner – würde er daran einen Gedanken verschwenden vermutlich eher Bewohner*innen* – durch den Spion blinzelten. Einen Polizeieinsatz bis vor die Türmatte bekamen biedere Zeitgenossen schließlich nicht alle Tage geliefert.

Aus dem Türspalt schob sich eine hagere Frau um die 60, die ein kleines, japsendes Fellbündel im Arm hielt. Als Eckensperger nähertrat, begann der Pinscher aufgeregt zu kläffen und hektisch in Richtung der unbekannten Bedrohung zu schnappen. Eckensperger wich zurück und sah den Ordnungshüter fragend an.

Der ergriff das Wort: »Rudolf Braunsteiner vom achten Revier. Um 7:28 Uhr ging bei uns ein Anruf von Frau Ernestine Blaboll ein …«

Er deutete auf die Hundebesitzerin, die bestätigend nickte und gleichzeitig mit säuselnden Worten ihr Wollknäuel auf vier Pfoten zu beruhigen versuchte.

»Bei meinem Eintreffen um 7:52 Uhr standen diese beiden Frauen vor Türnummer 11. Das Siegel war aufgeschlitzt, die Tür aufgebrochen. Es dauerte, bis ich die Personalien aufnehmen und klären konnte, wer den Notruf abgesetzt hatte. Diese Frau – laut eigenen Angaben eine gewisse Pauline Kratochwil – ist hier nicht wohnhaft, kann sich zudem nicht ausweisen und hält meine Befragung durch ständige Zwischenrufe hinan … hintenan … also will sagen … unterbricht mich dauernd. Sie lässt mich einfach nicht zu Wort kommen.«

»Ich bin auch ohne eigene Angaben ein *gewisse* Pauline Kratochwil. Hören Sie mal, Sie Beamter von der Trachtengruppe …«, fiel ihm die Aufgebrachte in die Berichterstattung.

Mit den Worten »Wir übernehmen jetzt. Kollegin Sedlacek wird sich wegen Ihres Reports mit Ihnen in Verbindung setzen. Das hier gehört zu einer laufenden Mordermittlung.« entließ der Kommissar den überlasteten Wachebeamten.

Der Uniformierte machte ein bedeutsames Gesicht, legte zwei Finger seiner rechten Hand an die Kappe und strebte mit einem Seufzer der Erleichterung dem Treppenabgang zu.

Eckensperger zückte seinen Notizblock, blätterte eine neue Seite auf, stellte die Thanner'sche Haushaltshilfe mit einem strengen Blick ruhig und begann seine Erhebung.

»Nun zu Ihnen, Frau Blaboll. Verraten Sie mir in kurzen Worten, was Sie zum Notruf veranlasst hat.«

Obwohl ein Blick auf die Wohnungstür von Simon Thanner Bände sprach, begann die Befragte geduldig ihren morgendlichen Gassigang mit Filou zu schildern. Ziemlich exakt 50 Minuten habe er gedauert, da sie jeden Tag dieselbe Route durch den nahen Park einschlugen.

»Der sattsam bekannte Hundstrümmerlparcours«, warf Pauline angewidert ein.

Während der Abwesenheit von Frauchen und Hündchen musste sich jemand Zutritt zur versiegelten Nachbarwohnung verschafft haben. Beim Heimkommen hätte sie jedenfalls die gewaltsam geöffnete Tür sowie die losen Klebestreifen bemerkt. Deswegen habe sie die Polizei verständigt und danach Frau Kratochwil informiert, von der sie seit Jahren für alle Fälle die Telefonnummer habe.

Von der Notrufzentrale war daraufhin ein Diensthabender vom nahen Revier zur Sicherung des Tatorts geschickt und die zuständige Mordkommission verständigt worden.

»Haben Sie Geräusche aus der Wohnung vernommen oder ist Ihnen im Stiegenhaus eine auffällige Person begegnet?«, wollte Eckensperger wissen.

»Das hab' ich sie auch schon gefragt«, mischte sich Pauline erneut patzig ein. »Den Paschinger kennt sie hundertprozentig vom Sehen. Aber die ist ja so auf ihren flohbesetzten Kampfhamster fixiert, dass sie blind für alles andere ist.«

»Das muss ich mir nicht gefallen lassen. Nur, weil Sie sich weder mit Menschen noch Tieren vertragen, bin ich nicht …«

»Ruhe, meine Damen. Haben Sie etwas gehört oder gesehen, was zur Aufklärung beiträgt?«

»Zu meinem Leidwesen nein«, stammelte Frau Blaboll kläglich. »Schließlich wollte ich bloß helfen. Da brauche ich mich nicht von einer Reservehausmeisterin beleidigen lassen. Das habe ich als Witwe eines Regierungsrats nicht notwendig. Vielleicht wurde das Siegel sogar früher aufgebrochen? Beim Weggehen liegt die Tür schließlich nicht in meiner Blickrichtung, und gestern beim Heimkommen war ich jedes Mal abgelenkt. Morgens mit der schweren Einkaufstasche, um zehn Uhr mit dem Durchsehen der Reklame aus dem Postkasten, immer beschäftigt mit meinem kleinen Schatz.«

Eine Meldung, die Eckenspergers kläglichen Rest positiver Laune in den Keller stampfte. In Gedanken war er bereits weiter. Konkret in der Vergangenheit bei Paschingers neugieriger Frage, was jetzt mit Thanners Sachen passiere. Sollte sich der Kosmoprolet in dessen Arbeitszimmer nach übrig gebliebenem Verkaufsgut umgesehen haben?

»Schade«, verkündete er abschließend, »eine genaue Zeitangabe wäre hilfreich gewesen am Tag des Mitdenkens. Zu meinem Bedauern werde ich den ohne Sie feiern. Wir schauen einmal, ob wir herausfinden, was der Einbrecher gesucht haben könnte. Nicole, verständigen Sie den Spurenverwüster, unseren witzig-charmanten Chewing-Joe. Dem wird der Weg zu diesem

Einsatzort vom Dienstag noch geläufig sein! Und Frau Kratochwil, Sie kommen mit.«

Sein Zugeständnis kam dem Ermittler nicht leicht über die Lippen. Doch so sehr er Pauline für eine ausgewachsene und mühsame Nervensäge hielt, war er sich bewusst, dass die Putzperle am ehesten erkennen konnte, was in der Wohnung fehlte beziehungsweise bewegt worden war.

Eckensperger stürmte sofort ins Geheimlabor des Professors.

»Wow! Da hat der Paschinger volle Arbeit geleistet!«, keuchte Pauline hinter ihm. »Alles weg, woran der Professor geforscht hat. Aber die Käfige und Terrari-Dingsbums steckt ja keiner so mir nichts dir nichts in die Hosentasche! Der Schuft muss einige Male die Stiegen rauf und runter gelaufen sein. Unter Umständen eine ganze Bande? Ob die Hausbesorgerin jemand gesehen hat? Soll ich sie fragen?«

»Keine Sorge, Frau Kratochwil«, beruhigte Nicole die echauffierte Haushälterin. »Die Tiergehege sind von einem Fachmann abtransportiert und in qualifizierte Obhut gebracht worden. Und die Schachteln mit den exotischen Reisemitbringseln befinden sich zur Begutachtung in unserem kriminaltechnischen Labor oder schon in der Asservatenkammer.«

Der Kommissar stand grübelnd vor dem schweren, antiken Sekretär in der Zimmermitte.

»Mich interessiert vielmehr, ob persönliche Unterlagen oder Habseligkeiten fehlen.«

»Wie soll ich das wissen? Glauben Sie, ich habe je die privaten Dinge des Professors durchwühlt?«, empörte sich Frau Kratochwil erbost.

»Wenn Sie mich so fragen …«

Nicole fiel ihrem ungehobelten Einsatzleiter ins Wort. »Niemand geht davon aus, Sie hätten heimlich im Büro Ihres Dienstgebers gestöbert. Aber Magister Thanner könnte Ihnen etwas gezeigt haben, Sie Gegenstände ordnen oder putzen lassen.«

»Eine Briefmarken- und eine Münzsammlung hatte er im Schreibtisch«, erläuterte Pauline besänftigt. »Über den Marken ist der Professor manchmal gesessen, einzelne Stücke musste ich ihm von der Post oder aus dem Auktionshaus abholen.«

»Komisch«, sinnierte Eckensperger, »davon steht nichts im Bericht der Kriminaltechniker, und die mussten jedes einzelne Fundstück aus dem Arbeitszimmer detailliert auflisten.«

Frau Kratochwil blickte ihn maliziös an und bekundete in süffisantem Ton: »Die haben womöglich ihren Beruf verfehlt. Klappen Sie einfach die Blende auf der Rückseite hoch, da ist ein Fach. In der rechten Hälfte sollten die Münzen sein. Dort hat er auch seine Dokumentenmappe, ein Zipptäschchen mit Bargeld und seinen Reisepass aufbewahrt. Links davon ein kleines Holzschächtelchen mit Schiebedeckel und einigen Golddukaten darin.«

»Und das haben Sie alles beim Abstauben gesehen?«, wandte Eckensperger sarkastisch ein.

Pauline warf ihm einen giftigen Blick zu, Nicole schüttelte gereizt den Kopf, während sie ihre Untersuchungshandschuhe überstreifte.

Wie so oft machte der Chef die von ihr geschaffene Vertrauensbasis bei Zeuginnen und Zeugen mit wenigen Worten zunichte.

»Die Numismatikermappe, ein Album mit Münzen und die Dokumente sind da, ebenso eine Holzbox und eine Art Herrenhandtasche – letztere allerdings beide ohne Inhalt.«

Eckensperger stieß einen leisen Pfiff aus, seine Aushilfsermittlerin watschelte Richtung Küche. Es wurmte den erfahrenen Spürhund, dass eine schlichte Mittfünfzigerin gewiefter im Auffinden von Verstecken war als geschulte Kriminaltechniker unter seiner Leitung. Zu seinem Leidwesen musste er eingestehen, den Argwohn oder die Wachsamkeit Thanners unterschätzt zu haben.

»Wir sind noch nicht fertig«, rief er Frau Pauline nach. »Was haben Sie vor?«

»In der alten Kaffeedose war ebenfalls immer Bargeld. Für Einkäufe, die Putzerei und Ähnliches.«

Der Kommissar fand Pauline vor dem geöffneten Küchenschrank stehend, mit der Blechdose in der Hand.

»Genauso leer«, stöhnte sie, ließ ihren Blick zum Sims wandern und inspizierte alle Laden, Ober- und Unterschränke.

»Finger weg!«, brüllte Eckensperger. »Sie Spurenvernichterin!«

Die Gescholtene schien unbeeindruckt, legte jedoch demonstrativ folgsam ihre Hände hinter den Rücken. Plötzlich entfuhr ihr ein gehauchter Schreckenslaut.

»Fehlt noch was? Ist Ihnen etwas aufgefallen«, fragte der Chefbeamte umgehend nach.

Frau Kratochwil reagierte ungewohnt wortkarg, wiegte nur kleinlaut den Kopf und murmelte konsterniert: »Nein, nein, es ist … nichts … fehlt nichts … soweit ich sehe. *Mir* fehlt was, bin ein bisschen knieschwach nach der Aufregung. Das ganze Geld weg! Ist denn das die Möglichkeit?«

»Ich hab' ein Déjà-vu der schlimmen Art«, stöhnte der Leiter der Mordkommission, als Pauline das Achtelglas von der Abtropffläche neben der Spüle nahm, den Hochschrank und danach den Sliwowitz öffnete und sich mit unruhiger Hand das Megastamperl zur Hälfte füllte.

»Das erwägen Sie ernsthaft, Chef? Echt jetzt?«, kommentierte Nicole Eckenspergers Ansicht, Frau Kratochwil selbst könnte das Siegel aufgebrochen haben und nun die ›Unschuld vom Gemeindebau‹ spielen.

Die solcherart Verdächtigte hatte die Mutmaßung gleichfalls gehört und ging kurzerhand in die Offensive.

»Ich bin ein grundanständiger Mensch. Alle Einkäufe habe ich auf den Cent genau abgerechnet, nie hat es Beanstandungen gegeben. Das Schlimmste, was ich angestellt hab', ist, dass ich der Blaboll bei meinen Rezepten jedes Mal eine Zutat verschwiegen hab'. Dauernd hat sie mich gelöchert, was da so verführerisch riecht und wie man es zubereitet. Ist ihr leider niemals gleich gut wie mir gelungen, hihi. Übrigens, in der Lade dort liegt mein handschriftliches Kochbuch. Darf ich das haben? Ist schließlich mein Eigentum.«

»Meinetwegen«, knurrte Eckensperger. »Aber lassen Sie es zunächst von meiner Mitarbeiterin kontrollieren, ob nicht vielleicht einige Lesezeichen in Form von Hundert-Euro-Scheinen darin sind.«

»So eine Frechheit! Zu meinem größten Bedauern hab' ich keine Zeit mehr, Ihnen meine Meinung zu sagen. Ich muss schleunigst zur Post. Einen eingeschriebenen

Brief abholen. Von irgendeinem Gericht. Bin gespannt, wer sich diesmal mit mir anlegen will. Wenigstens ist mir jetzt klar, wo mein Personalausweis steckt – da mit dem Abholschein in meiner Manteltasche. Soll ich mich noch legitimieren?«

»Besser nicht«, ätzte der Kommissar. »Ich befürchte, Ihr Passfoto sieht Ihnen ähnlich, und ich bin von Geburt an schreckhaft. Meine Kollegin begleitet Sie. Keine Widerrede! Von beiden nicht! Fräulein Schmetterlinge-im-Bauch würde zwar lieber den Joe hier empfangen, doch das erledige ich. Wir treffen uns in Bälde in der Kratochwil-Wohnung.«

Um es direkt und unverblümt auszudrücken: Beim Marshmallow-Test hätte Pauline kläglich versagt. Impulskontrolle und die Fähigkeit zum Belohnungsaufschub schienen ihr fremd.

Es kostete Nicole die letzten Reserven Geduld, Sanftmut und Güte, die spannungsgeladene Haushälterin vom Öffnen des Kuverts vor dem Eintreffen ihres Vorgesetzten abzuhalten. Dem war es jedoch wichtig, die Reaktion der Zeugin zu beobachten.

»Ist denn das die Möglichkeit?«, stammelte Pauline eins ums andere Mal, als sie endlich die Erlaubnis zum Lesen erhalten hatte.

Das Schriftstück entglitt ihren Händen und segelte sachte zu Boden. Dann wankte die Neoerbin zum Barelement im Nussholzwandschrank, um sich auf bewährte Art zu stärken.

»Das ist eindeutig nicht das richtige Getränk in solch einer Situation«, tadelte Eckensperger.

»Sie haben völlig recht, Herr Oberhauptundspezialkommissar. Aber wo nehme ich auf die Schnelle einen Schampus her?«

»Eigentlich wollte ich Ihnen zu Wasser oder Kräutertee raten«, klärte der Ermittler das Missverständnis.

Pauline Kratochwil überging den Einwand und kippte einen hochprozentigen Nachfolger hinunter.

»Auf einem Bein steht sich's schlecht«, konstatierte sie, bevor sie ein abschließendes »Ist denn das die Möglichkeit?« hinterherschickte.

»Sagen Sie bloß, das kommt für Sie völlig unverhofft? Keinen Testamentsentwurf beim Papierkorbentleeren gefunden? Keine Kopie beim Saubermachen entdeckt? Keinen Hinweis in der Dokumentenmappe gesichtet?«

»Selbstredend nicht«, empörte sich die Haushaltshilfe. »War ja nicht vorauszusehen, dass er stirbt, solange ich in seinen Diensten stehe. So gesund, wie der Professor gelebt hat. Natürlich, bevor er eine größere Reise antrat, machte er meist vage Andeutungen. Ich solle mich nicht sorgen, falls ihm etwas zustieße. Deshalb bin ich von einer kleinen Zuwendung in seinem Testament ausgegangen. Vielleicht drei Monatslöhne, wenn's hoch kommt, hab' ich mir erwartet. Damit ich das Auslangen finde, bis das Arbeitslosengeld angewiesen wird oder ich eine neue Stelle gefunden habe. Aber nicht ein Vermögen in dieser Höhe! Die gute Seele! Andererseits hab' ich ausnehmend gut für ihn gesorgt. Bin trotz Blasenentzündung gekommen, mit Husten und Schnupfen hinter dem Herd gestanden …«

»Da wird er sich bestimmt gefreut haben«, konnte sich Eckensperger nicht verkneifen.

»Sicher! Ich hab' ihm schließlich seine Lieblingsspeisen gekocht und mich auch sonst um alles gekümmert. Da hat kein Knopf gefehlt an seinen Hemden oder Anzügen, die Vorräte waren jederzeit aufgefüllt, die Wäsche gewaschen und zusammengelegt. Und jetzt darf ich mich um sein Begräbnis kümmern und den Haushalt auflösen, hat er angeordnet. Was für ein Vertrauensbeweis … na, die Schwester und die verflossene Möchtegernehefrau werden schön schauen, ha!«

Schlagartig hatte das unbeugsame Durchsetzungsvermögen die Oberhand über sentimentale Gefühlsregungen zurückgewonnen.

Nicole mischte sich ein: »Was werden Sie denn mit dem Geld machen? Haben Sie darüber schon nachgedacht, Frau Kratochwil?«

»Nicht wirklich, ich brauch' ja nicht viel. *Eine* Idee hätt' ich für den Anfang: Ich werde meine Wohnung aufgeben und die vom Professor übernehmen. Die hat eine Reihe von Vorteilen: bessere Lage, wesentlich geräumiger mit ihren 90 Quadratmetern. Zwei Zimmer und ein Kabinett, was für ein Luxus! Und liebenswürdigere Nachbarn hätte ich letztendlich auch!«

»Wie lang das wohl so bleiben wird, wenn sie erst dort eingezogen ist?«, fragten sich der Kommissar und Nicole in auffälliger Übereinstimmung.

I mecht landen

Von Zeugen, genauer gesagt Zeug*innen*, mit langen Beinen, Schmolllippen und bewundernden Augenaufschlägen war Seiler weit entfernt.

Ihm gegenüber saß ein überheblicher, aufsässiger Kotzbrocken, der sich offensichtlich bei seinen Freunden im Milieu schlau gemacht hatte, wie er sich bei Verhören zu verhalten hatte, was er zulassen musste beziehungsweise ablehnen konnte.

Wie heißt es so schön? Man sieht sich immer zwei Mal im Leben. Auf eine Neuauflage der Begegnung mit dem Kleinkriminellen hätte der Untersuchungsbeamte allerdings liebend gern verzichtet.

Den Verdacht, er könne Thanners Wohnungstür samt Polizeisiegel aufgebrochen haben, wies Paschinger kategorisch von sich.

Mit einem herausfordernden »Haben Sie irgendwelche Beweise wie Fingerabdrücke oder Zeugenaussagen, die mich damit in Verbindung bringen? Falls nicht, dann habe die Ehre. Festhalten dürfen Sie mich überhaupt nicht, Sie Hilfssheriff.« sprang er Richtung Tür auf.

»Irrtum!«, konterte Seiler mit erheblicher Genugtuung. »Nehmen Sie Platz, Paschinger. Kostet dasselbe. Nämlich eine Antwort auf meine Fragen. Und befragen kann ich Sie, solange Klärungsbedarf besteht. Immer und immer wieder. Und, sollten Sie mich noch einmal abfällig bezeichnen, kommt ratzfatz ein Minus angesichts mangelnder Originalität und eine Klage wegen Beamtenbeleidigung auf Sie zu. Mit selbiger ist es erlaubt, Sie in einer Zelle hier im Kommissariat festzuhalten. Mäßigen Sie sich daher! Ganz artig sein! Den Einbruch bestreiten Sie, hab' ich notiert. Was anderes: Haben Sie von Thanner mal Kaugummi angeboten bekommen oder welchen erbeten?«

Der Befragte reagierte verwirrter als ein Chamäleon in einer Packung bunter Gummibärchen.

»Kaugummi? Hä? Was soll ich mit Kaugummi? So was hab' ich mir sicher nicht geschnorrt vom Simon, und Zigaretten hatte der Gesundheitsfanatiker ja keine. *Er* hat öfters welchen gekaut. Zuckerfreien natürlich. Zum Schutz seiner Beißerchen. Auf die war er heikel. Sogar auf unseren Reisen hat er Kaugummi dabeigehabt. Angeblich, um den Speichelfluss anzuregen, der tät dann die Säuren neutra … neutralisasieren. Grauslich, was? Hat ihm bei seiner letzten Säure im Mund nicht viel geholfen.«

»Na, Sie sind ein Herzerl, ein wahrer Freund! Ich bin zwar einiges gewohnt …«

»Pah«, stieß Paschinger verächtlich aus. »So sportlich bin ich nicht, dass ich jedem, der in die Grube springt, nachhüpfen und ihn retten kann. Außerdem, wer kümmert sich um mich?«

»Ich! Obwohl ich mir Besseres wüsste.«

Vor Seilers innerem Auge tauchte erneut eine Zeugin nach seinen Wunschvorstellungen auf, die seine Unterstützung gegen ungerechte Anschuldigungen auf bezaubernde Weise belohnte. Die Welt konnte unfair und grausam zugleich sein, sinnierte er. Sich selbst bedauernd wandte er sich an sein tatsächliches Gegenüber.

»Wären Sie an Thanners Kaugummipackungen herangekommen?«, setzte der Polizist das leidige Interview fort.

»Hören Sie! Wenn ich keinen will, brauch' ich nicht rankommen. Glauben Sie, ich klau' meinem Freund Kaugummi? Herumgelegen sind jedenfalls genug von denen. Am Schreibtisch, im Bad, auf dem Vorzimmerkästchen. Und in der Küchenlade neben dem künstlichen Süßstoff waren die frisch gekauften. Simon hat immer die idente Marke verwendet. Spearmint superscharf, viereckig, zum Rausdrücken. War's das jetzt? Hab' noch einen Pflichttermin beim Arbeitsamt wegen meiner Kohle für die nächsten drei Monate.«

Seiler hatte schön langsam die Nase voll von seinem dreisten Verhörpartner. Dieser Mann gehörte zweifelsohne zu jenen Menschen in seinem Umfeld, denen eine gebrochene Nase hervorragend stehen würde.

»Geduld, Geduld«, mahnte der junge Ermittler nicht zuletzt an sich selbst gerichtet. »Soeben hat mich eine Info meines Chefs erreicht. Was wissen Sie über eine Münzsammlung und Golddukaten Ihres Reisefreunds, Sie Plagegeist?«

»Münzsammlung? Golddukaten?«

Paschingers dümmlicher Gesichtsausdruck konnte nicht gespielt sein. Er war ehrlich überrascht. Die unvermittelte Steigerung von atemfrischem Kaugenuss zu passablen Wertsachen war für sein schlichtes Gemüt definitiv zu viel.

»Die sind nicht offen herumgelegen wie die Kaugummis«, ätzte der Befragte. »Nie welche gesehen. Weder in der Wohnung noch auf den Touren.«

»Und ein Extrafach an der Rückseite von Thanners Schreibtisch sagt Ihnen gleichfalls nichts?«

Paschingers Verwirrtheit strebte einem neuen Höhepunkt zu und schlug augenblicklich in Aggression um.

»Sie wollen mich nur ärgern oder hinhalten, dass ich meinen Termin versäum'. Das ist Schikane pur. Ich werde mich beschweren, das garantier' ich Ihnen.«

Seiler entließ den unangenehmen Zeitgenossen, nicht ohne sich eine Verabschiedung mit seiner heißen Idealkandidatin vorzustellen, die in einem leidenschaftlichen Kuss gipfelte, verbunden mit der Versicherung, ihren Retter in der Not baldigst anzurufen. Missmutig tippte er seinen Bericht und machte sich anschließend auf den Weg ins Gymnasium, um wie vereinbart Jasilles Aussage in der 12:00 Uhr-Pause aufzunehmen.

Der Unterschied zwischen den beiden Zeugen konnte größer nicht sein. Der Schüler beantwortete alle Fragen gewissenhaft und ausgesucht höflich, bis die Schulglocke die nächste Unterrichtsstunde ankündigte. Danach hatte er es zu Seilers größter Verwunderung eilig, sich zu verabschieden und pünktlich in den Klassenraum zu traben.

»Ein eigenartiger junger Mann«, wunderte sich der schlaksige Polizeibeamte später bei seinem Austausch in der dreiköpfigen Truppe der ›Mordkommission Thomasianum‹. »Ich war in meiner Schulzeit jedes Mal froh, wenn ich auf irgendeine erdenkliche Art Stundenverkürzung betreiben konnte.«

»Und, falls Sie ausnahmsweise einigermaßen motiviert waren, haben Sie das bestimmt schnell wieder in den Griff bekommen, Seiler?!«

»Dafür bin ich im Beruf motiviert bis in die Haarspitzen, Boss. Nach der Nahidiotenerfahrung mit dem Paschinger war der Trip ins Privatgymnasium ein echter Kulturschock. Im Positiven, versteht sich. Jasille konnte glaubhaft versichern, keinen Zugang zu Giftstoffen, welcher Art auch immer, zu haben. Dazu hätte er sich entweder illegal den Schlüssel zu den hochtoxischen Präparaten in der Krankenhausapotheke beschaffen oder Medikamente in größerer Menge entwenden müssen. Beides hat er kategorisch bestritten. Das passe nicht in sein Lebenskonzept, ließe sich nicht mit seinen ethischen Grundsätzen vereinbaren. In der Schule hätten Sie keineswegs Substanzen dieser Art lagernd gehabt. Und Professor Thanner habe Ähnliches mit Sicherheit niemals mitgebracht …«

»Und das nehmen Sie dem Unschuldslamm so einfach ab?«, fauchte Eckensperger.

»Nie und nimmer, bin ja nicht nur motiviert, sondern darüber hinaus äußerst vif und bestens geschult durch Ihr Vorbild. Selbstverständlich habe ich mich einerseits bei der Apothekenleiterin sowie in der Krankenhausverwaltung nach eventuellen Unregelmäßigkeiten in den Beständen erkundigt. Beide Stellen versicherten, keinen Schwund zu verzeichnen. Jasilles Mutter hatte ebenfalls nie unkontrollierten Zugang zu Giftstoffen. Das wird alles genau protokolliert. Zudem verwendet sie ausschließlich fertig zubereitete Medikamente. Die wäre höchstens bei Überdosierungen von Beruhigungstabletten, Herztropfen oder dergleichen verdächtig. Alles keine schleimhautreizenden Pharmazeutika. Zusätzlich habe ich mich bezüglich Injektionsnadeln schlau gemacht. Die gibt es in der Apotheke und im Krankenhaus wie Bier in München, auch Jasilles Mutter weiß damit zu hantieren. Jedoch alles unauffällig. Das wär's. Halt, bevor ich es vergesse, beste Grüße vom Schuldirektor Pater Quirin und ebenso von seinem

Zauberlehrling Pater Eusebius darf ich bestellen. Bei denen sind Sie offenbar noch gesellschaftsfähig.«

»Ach, ich weiß gar nicht, ob ich das sein will angesichts der Gesellschaft im Allgemeinen und jener, die darin den Ton angeben im Speziellen. Fast wäre ich erleichtert, wenn ich es nicht wäre. Stellen Sie sich vor, in Thanners Geheimfach habe ich Briefe an die Diözesanspitze gefunden, in denen er beschreibt, wie Kollegen und Kolleginnen von der *Fürstin* willkürlich aus Gremien entfernt wurden, zum Schulwechsel gezwungen oder in Frühpension gedrängt wurden. Die hat da gewütet, und er hat sich bemüßigt gefühlt, das zu melden. Antwortschreiben habe ich keine entdeckt. Sicherlich von höherer Stelle ignoriert und ausgesessen, das kennt man ja. Das hat ihn zweifelsohne zermürbt, aber nicht umgebracht. Mir drängt sich eine neue interessante Theorie auf … Sie haben da eine Kleinigkeit erwähnt …«

Wie üblich schaltete der Kommissar, sobald ihn ein Gedanke nicht losließ, in der Außenkommunikation auf Sparmodus. Seine Gehirnwindungen hingegen legten eine Extraschicht ein, Synapsen verzweigten sich in Windeseile und sein Spürsinn nahm jede noch so unscheinbare Fährte auf wie ein ausgehungerter Bluthund.

»Können wir den Paschinger jetzt von der Liste der Türaufbrecher streichen? Sollte das alles bloß ein dämlicher Zufall sein, dass sich einer Zutritt zu Thanners Wohnung verschafft und alle Barmittel klaut? Ein Nachbar, der von den Wertsachen wusste? Doch wieso lässt der das Münzalbum liegen, obwohl er damit nur zurück in seine vier Wände huschen muss? Ein Gelegenheitsdieb? Ein Drogensüchtiger auf der Suche nach Bargeld und was sich leicht dazu machen lässt? … Wie hatte Doktor Pap gesagt? Sein Klient habe die Dokumente rund um die Erbschaft aus Sorge vor fremden Blicken bei ihm hinterlegt. Explizit habe Magister Thanner den Ausdruck ›verdächtige Gestalten‹ verwendet, die während seiner Abwesenheit herumgestöbert hätten. Seine Kästen seien durchwühlt worden. … Das könnte Heike Werner beim Abholen ihrer Siebensachen nach dem Beziehungsaus gewesen sein. Allerdings lag die Trennung mittlerweile geraume Zeit zurück. Pauline hatte Heike unter Beobachtung, desgleichen Wolfram in Abwesenheit des Professors in die Wohnung gelassen. Wer weiß, wen noch? … Außerdem hat mir die gute Pauline in Thanners aufgebrochener Bleibe etwas verschwiegen. Da bin ich mir sicher. Nichts, was sie als Täterin belastet, denke ich. Eher ein Faktum, das sie überrascht, vielmehr erschüttert hat.«

»Reden Sie mit sich selbst, Chef?«, wollte Nicole nach einigen Minuten vom geistig abwesenden, vor sich hin murmelnden Abteilungsleiter erfahren.

»Natürlich! Manchmal ist mir zur Abwechslung nach einer kompetenten Beratung durch einen versierten Gesprächspartner. Ich lande stets bei der Kratochwil …«

»Oh, ein Frauenheld! … Warum auch nicht? Die hat nun mal das gewisse Nichts!«

»Seiler, Sie Person mit beschränkter Hirnleistung! Weil ›dumm‹ darf ein Dienstgeber ja niemand mehr nennen, ohne vor's Arbeitsgericht zitiert zu werden. Schöne neue Welt! Jetzt ist nicht die Zeit für sinnentleerte Sprüche! Oder wollen Sie den versteckten Meuchelmörder in mir wecken? Da war was in der

Kratochwil-Wohnung, was mich irritiert hat. Nicht heute, bereits gestern Mittag, als ich allein bei ihr war. Dazu ihr Stutzen vorhin in der Thanner'schen Küche, nachdem sie den fehlenden Notgroschen in der Kaffeebüchse entdeckt hat …«

Eckenspergers versank abermals in seiner Gedankenwelt, was die beiden Mitarbeiter für einen kurzen Smalltalk nützten.

»Den speziellen Vintage-Look in der Kratochwil-Wohnung hätte ich sehen wollen.«

» Vintage-Look? Nein, Sebastian, einfach abgewohnt, veraltet und potthässlich.«

»Wie meine Großmutter! Also nicht potthässlich, sie ist eine Bilderbuchomi. Aber seit Jahren will sich die nichts Neues kaufen. ›Das zahlt sich doch nicht mehr aus, Sebi-Bub‹ perpetuiert sie wie das Amen im Gebet.«

»Sebi-Bub? Drollig! Andererseits ist die Pauline erst Mitte fünfzig und kann gut noch dreißig Jahre leben. Da starten andere aufs Neue kräftig durch. Überhaupt mit dem reichen Geldsegen …«

»Ha!«, brüllte der Kommissar und drosch mit der flachen Hand auf den Tisch.

Seine beiden Zimmergenossen zuckten heftig zusammen.

»Wir sind schon wieder bei der Sache«, beschwichtigte Nicole ihren erregten Vorgesetzten.

»Wiederholen Sie den letzten Satz Ihres Geplappers.«

»Äh … ja … gut … mal nachdenken. Ich sagte irgendetwas von Geldsegen und neu durchstarten.«

»Nicht den, den davor!«

»Pauline ist erst Mitte fünfzig und kann gut und gern noch dreißig Jahre leben. Meinen Sie den?«

Unvermutet hatte sich Kollege Geistesblitz aus dem Erholungsurlaub zurückgemeldet und in die Gesprächsrunde eingeschaltet. Auf ihn war eben Verlass, selbst wenn er sich des Öfteren eine Zeit lang vornehm zurückhielt.

»Noch dreißig Jahre leben, einige Jahre mit ihrem spärlichen Gehalt, anschließend mit einer Minipension. Wem wird das denn absolut nicht gefallen?«

»Ihrem Neffen!«, riefen Nicole und Sebastian wie aus einem Mund.

»Eben! Wen lässt die Kratochwil ferner ohne Scheu in Thanners Wohnung?«

»Ihren Neffen!«

»Und wer ist geldgierig und dreist genug, ein Siegel aufzubrechen, hinter dem er Geld und Goldmünzen weiß?«

»Ihr Neffe!«

Die neuen Gedanken rannen geschmeidig durch Eckenspergers Gehirn wie Kugeln in einer Lotto-Glückstrommel. Danach blieben sie adrett nebeneinandergeordnet liegen.

Gottlieb Frank konnte die Zeiten, in denen seine Tante in der Küche hantierte, für Suchaktionen in Thanners Arbeitszimmer genutzt und dabei sowohl den Testamentsentwurf als auch Giftbestände entdeckt haben. Motiv, Mittel, Gelegenheit – alles passte plötzlich maßgeschneidert auf den Verdächtigen wie der Deckel auf die Mülltonne in der Einfahrt des Kommissariats, bevor diese Dellen und Beulen abbekommen hatte. Einen Beweis für die Anwesenheit von Paulines Patenkind in der Wohnung des Professors nach deren Versiegelung, glaubte Eckensperger überdies zu haben.

»Wie gut, dass wir zu dritt sind«, rief er aus. »Hurtig, hurtig, es gibt für jeden einen Sachverhalt zu klären, damit aus meinen Vermutungen Gewissheit wird. Sie, Nicole, erkundigen sich bei Pauline, ob Gottlieb ihr in letzter Zeit ein größeres Geschenk gemacht und ob sie ihn als Erben eingesetzt hat. Seiler, Sie finden heraus, wo der Neffen-Bub seinen Zivildienst abgeleistet hat. Und ich quetsche Doktor Pap wegen eines Details im Erbrecht aus. Falls ich mich nicht täusche, bin ich über die Antworten auf alle drei Fragen bereits im Bilde.«

Die nächsten Minuten ging es im Morddezernat zu wie in einem Callcenter. Kurz darauf lagen die Auskünfte vor.

»Wetten, die Kratochwil hat von ihrem Lieblingsverwandten eine sündteure Präzisionsküchenwaage bekommen?«

»Richtig, Chef! Nachträglich zum Geburtstag seiner Erbtante. Und exakt dieselbe, die sie bei ihrem Dienstgeber unablässig bewunderte. Angeblich hat Gottlieb sie Second Hand ›über den Computer‹ erstanden, denn das Gerät war nicht mehr originalverpackt. Wie haben Sie das erahnt?«

»Weil ich das verdammte Ding ursprünglich in Thanners Küche, dann bei meinem Besuch bei ihr gesehen habe. Ich wusste, da war etwas, das nicht zu all dem altmodischen Zeug passte. Muss mich bei Inspektor Zufall nachträglich bedanken, dass die Waage derart offensichtlich auf der Anrichte stand. Außerdem bin ich mir ziemlich sicher, bei meinem Eintreffen den Neffen an der Straßenecke wahrgenommen zu haben. Der war zuvor bei ihr und hat die Waage vorbeigebracht! Zuckerstreuer und *zwei* Mehlspeisteller standen erwartungsvoll auf dem Tisch. Sobald der feine Herr Frank hörte, ich sei im Anmarsch, hat er sich noch vor dem Fertigwerden des Apfelstrudels verdrückt. Jedenfalls können wir ihm jetzt nachweisen, dass er nach der Versiegelung in Thanners Wohnung war.«

»Wenn es denn die Waage vom Professor ist«, gab Nicole zu bedenken.

»Darauf verwette ich meine Dienstmarke. Nie und nimmer kauft der Lump seiner Tante ein solch aufwendiges Geschenk. Der ist einer von der Sorte Gewinnmaximierung und klaut ihr höchstens ein paar Fliederzweigerln aus dem Stadtpark. Wir brauchen schleunigst Fingerabdrücke von Gottlieb Frank.«

Seiler meldete sich zu Wort: »Haben Sie nicht berichtet, Sie hätten jemand vor Paulines Haus gesehen, den Sie mit Zechprellerei und Erpressung in Verbindung brächten?«

»Na, fällt der Guglhupf- und Strudelabsahner nicht in diese Kategorie?«

»Alles klar! Ahnen Sie meine am Telefon erfragte Neuerkenntnis auch voraus, Boss?«

»Ahnen ist was für Anfänger. Es tät gut in's Konzept passen, hätte der Gottlieb seinen Zivildienst als Sanitäter abgeleistet.«

Seiler nickte ehrfürchtig, und Nicole kombinierte blitzartig: »Dort konnte er leicht an geeignete Spritzen gelangen und sich zum Thema Vergiftungen schlau machen.«

»Teufel nochmal. Hat der Nichtsnutz tatsächlich den Professor auf dem Gewissen und zieht die nächsten Jahre seiner Tante Stück für Stück das Geld aus der Tasche. Sapperlot!«

»Ein chilliger Beamter, Seiler, der gern die Beine hochlegt und dazu seinen Nachmittagscappuccino bei Musik schlürft, gäbe sich mit dieser Vorgangsweise zufrieden. Der schleimige Herr Frank hingegen, der das Leben in vollen Zügen – und in diesem Fall meine ich nicht unsere überfüllten öffentlichen Verkehrsmittel – genießen möchte? Ich fürchte, der will mehr. Am liebsten alles zugleich und das sofort.«

»Wird diese Ansicht von der Auskunft, die Sie eingeholt haben, untermauert, Boss?«, drängte Sebastian atemlos nach.

»Igen. Ungarisches Doktoratsinhober hot bästätigt, dass Neffenbuberl ärhält olles Geld von Tante, waunn stirbt. Ist nämlich Ärbesärbe.«

»Erbeserbe!«, staunten Nicole und Sebastian synchron.

»Das bedeutet, er bekommt den Batzen, selbst wenn seine Tante stirbt, bevor sie das Erbe angetreten hat?«

»Jawoll!«

»Aber dann ist Pauline ja in großer Gefahr!«, rief Nicole erschrocken aus.

»Eben«, polterte Eckensperger. »Daher ist keine Zeit zu verlieren. Seiler, Sie stöbern den gottlosen Gottlieb auf und lassen ihn zu einer Vernehmung ins Präsidium bringen. Als Tatverdächtigen! Staatsanwaltschaft informieren, nicht vergessen. Wir werden wie gesagt Fingerabdrücke von und eine Hausdurchsuchung bei Herrn Frank anfordern. Und Sie, Fräulein Sedlacek: Kappe auf, Jacke an, Schlüssel her, und ab ins Auto mit uns!«

»Nicht schon wieder, Chef! Mein komplettes Gehalt geht in letzter Zeit für Tabletten gegen Übelkeit drauf!«

Ich lebe

Vielleicht lag es am Blaulicht, vielleicht am nahenden Wochenende, vielleicht auch an der Sorge um Pauline, mit Sicherheit jedoch nicht an Eckenspergers Fahrstil, dass Nicole diesmal ohne nennenswerte Anzeichen von Brechreiz am Zielort ankam.

Zügig erklommen die beiden die zwei Stockwerke des Gemeindebaus. Eckensperger hielt sich gar nicht erst mit Klopfen oder Anläuten auf, sondern warf sich mit voller Wucht gegen die billige Furniertür. Mit einem Ruck landete er im winzigen Vorraum und wurde prompt mit einem resoluten Rüffel empfangen.

»Können Sie eigentlich irgendwann einmal wie ein normaler Mensch gesittet herankommen und anklingeln?«

Pauline war gesund und munter. Wenigstens etwas. Der Kommissar verlieh der damit verbundenen Erleichterung auf seine spezielle Weise Ausdruck.

»Ist Ihr gottverdammter Neffe da?«

»Gott*lieb*, nicht gott*verdammt*, sie Rüpel! … Sie haben meine Eingangstür ramponiert. Was fällt Ihnen ein!?«

»Wo ist die Waage?«

Eckensperger war ohne anzuhalten in die Küche gestürmt. Nicole und Pauline folgten ihm.

»Sind Sie sicher, dass das die *gleiche* und nicht etwa die*selbe* Waage wie jene aus Thanners Hausrat ist?«, herrschte er die Koch- und Putzhilfe an.

Die rang nach Luft, starrte auf den Stolz ihrer schäbigen Küchenzeile und murmelte kleinlaut: »Eigenartigerweise hat sie an der identen Stelle einen Kratzer, wo ich vor Wochen versehentlich mit dem

Messer abgerutscht bin, als ich ein Stück von der kalten Butter abschneiden wollte.«

»Und da ist Ihnen nicht die Idee gekommen, Ihr gott*lieber* Neffe könnte Ihnen einen gewaltigen Bären in Form eines gestohlenen Küchengeräts aufgebunden haben?«

»Nicht sofort … erst nach und nach … und die vom Professor war letztens nicht mehr in seiner Küche. Ich kann's trotzdem nicht glauben. Wo er doch dermaßen gut verdient, wie er stets behauptet, der Gottlieb … und mir eine Freude machen will, weil ihm meine Mehlspeisen so gut schmecken. Womöglich ist das Ganze nur ein fürchterliches Missverständnis?«

Noch wollte Frau Kratochwil die Realität nicht wahrhaben. Immerhin trug ihr Neffe den Allmächtigen höchstpersönlich *und* eine göttliche Tugend im Vornamen. Trotz offenkundiger Beweise seiner Schuld, sah sie – wie die meisten Menschen übrigens – das, was sie sehen wollte. Ein Umstand, der es besonders Trickbetrügern, Heiratsschwindlern und Kunstfälschern immens einfach macht.

»Sie hätten uns unverzüglich verständigen müssen«, stutzte Eckensperger die geknickte Frau vollends zusammen, »wenn Sie sich nicht wegen Hehlerei oder zumindest Annahme von Diebesgut strafbar machen wollen. Die Waage wird als Beweisstück gesichert und beschlagnahmt. Eintüten und mitnehmen!«

Nicole wandte sich an die schockierte Haushälterin: »Übersetzt bedeutet das: Wir bitten vielmals um Entschuldigung, aber das Geschenk wird kriminaltechnisch überprüft. Sie haben Anspruch, sich binnen sechs Monaten nach Rechtskraft bei der Vollstreckungsbehörde zu melden und um eine Entschädigung anzusuchen. Sofern Sie keine Mitschuld trifft, und nachdem Sie im Testament mit der Auflösung des Thanner'schen Haushalts beauftragt sind, wird dem gewiss stattgegeben werden.«

»Ich bitte keinesfalls um Entschuldigung! So weit kommt's noch. Von ihrem Erbe kann sie sich sogar eine Brückenwaage kaufen«, kommentierte Eckensperger Nicoles Einlenkungsversuche rüde. »Wäre vernünftiger als das Geld in Alkohol zu investieren oder ihrem nutzlosen Neffen zuzustecken. Beides ertraglose Kapitalanlagen mit unguten Folgen und Nebenwirkungen obendrein. Fragen Sie dazu Ihren Hauptkommissar oder den Polizeibeamten Ihres Vertrauens.«

Der Ermittler wollte die letzten Fakten klären und den Sack zubinden. Wenn es sein musste, mitsamt seiner Hauptzeugin und deren Vorrat an Altglasgebinden darin.

»Ihrem Neffen haben Sie sichtlich jedes Märchen geglaubt? Ihn in Thanners Wohnung gelassen, ihm Spielraum gegeben, sich umzusehen und seine neugierigen Erkundigungen zu den Vermögens- und Familienverhältnissen Ihres Dienstgebers beantwortet?«

»Wo er sich aber so nett für mich interessiert hat. Ich hab' ja sonst niemand.«

»Was? Alle Angehörigen verstorben?«, forschte Nicole teilnahmsvoll nach.

»Nein, seit Jahren mit ihnen zerkracht!«

Eckensperger musste grinsen. Ein wenig erkannte er sich selbst in der streitbaren Mittfünfzigerin, die sich nicht scheute, ihre Meinung kundzutun und gegebenenfalls anzuecken. Sein diesbezüglicher Wahlspruch lautete: Wenn ich jedem gefallen soll, hätte ich als Orchidee auf die Welt kommen müssen. Je nach Laune und Gesprächspartner änderte er das Zitat auf ›Maserati‹, ›Schokoladeeis‹, ›Netzstrümpfe‹ und anderes mehr ab.

Frau Kratochwil zeterte weiter: »Sie wollen mir also wirklich weismachen, Gottlieb hat den Professor vergiftet? Weil ich ihn in die Wohnung ließ und er an den Kaugummi herankam? Das ist ja schrecklich. Stehe ich jetzt auch auf die Liste der Verdächtigen?«

»Sie drängen sich förmlich auf«, lästerte der Befragte.

Abermals sprang Nicole entschärfend in die Bresche.

»Sie haben uns bereitwillig Auskunft gegeben, die Aufklärung unterstützt und sind zugleich unsere wichtigste Zeugin. Da passiert Ihnen nichts. Ist es nicht so, Herr Hauptkommissar?«

»Ein paar Tage Untersuchungshaft werden wohl unumgänglich sein, um zu klären, ob eine Mittäterschaft vorliegt. Oder, ob Frau Kratochwil eine mittelbare Täterschaft nachzuweisen ist. Sie ihren Neffen quasi zur Ausführung angestiftet hat, um in den Genuss des Erbes zu gelangen.«

Nicole schüttelte missbilligend den Kopf. Manchmal ging ihr der Chef nicht nur auf die Nerven, sondern entschieden zu weit in seinen Einschüchterungsversuchen. Er war definitiv ein Sprachtalent: ironisch, sarkastisch, brutal – alles hatte er drauf.

»Entsetzlich! Ich ins Gefängnis? Nichts hab' ich gewusst von Gottliebs Plänen und Taten. Ich bin zu gut, zu arglos. Das hab' ich davon. Ich brauche dringend was zur Beruhigung, mein Herz zerspringt vor Aufregung. Wo sind meine Tropfen?«

Pauline, schwankend zwischen Entrüstung und Enttäuschung, langte nach einem kleinen, braunen Fläschchen hinter der Spüle.

»NEIN«, brüllten Eckensperger und Nicole wie aus einem Munde, »nicht anfassen!«

»Heute trinken wir lieber Hochprozentiges!«

Eckensperger traute seinen eigenen Worten nicht. Dass er diesen Satz einmal im Zusammenhang mit Pauline Kratochwil bemühen würde, hätte er sich nicht träumen lassen.

»Und das lediglich aus einer original verschlossenen Flasche. Deren wird es bestimmt einige geben!?«

»Sie … denken … doch nicht, dass … Gottlieb, das Fleisch und Blut meiner Schwester … mich … seine Lieblingstante … ebenfalls umbringen will?«

»Was wir denken, ist einerlei. Unsere Untersuchungsbeamten werden Klarheit schaffen, ob zum Mord noch ein Mordversuch hinzukommt.«

Spontan fiel ihm sein boshafter, nicht ernst zu nehmender Gedanke »Manchmal scheinen Giftmörder eindeutig die Falschen zu erwischen« ein. Den Tod seiner damaligen ›Wunschkandidatin‹ hatte er soeben selbst mit großer Wahrscheinlichkeit verhindert. Denn Eckenspergers kriminalistisches Gespür ahnte den positiven Befund der Spurensicherung, der sich negativ auf Paulines Lebenserwartung ausgewirkt hätte, voraus.

»Belassen Sie es bei EINEM ›Gläschen‹! Sonst spielt der Alkohol wieder Verstecken mit dem Rest Ihres Denkvermögens. Wir müssen Ihre Aussage protokollieren. Im Kommissariat. Zügig! Einfach die Beine bewegen, der Körper folgt von allein.«

Ois hod sei End

Im Büro der Mordkommission waren genug Männer für eine Partie Bauernschnapsen versammelt. Allerdings saßen sich lediglich Seiler und ein gedämpft flockiger Gottlieb Frank in Handschellen gegenüber. Zwei Uniformierte mit stoischem Blick standen neben der Tür.

»Und? Haben wir ein Geständnis?«, schnauzte Eckensperger bei seinem Eintreffen an Stelle einer Begrüßung in Gottliebs Nacken.

»Ist im Werden«, antwortete Seiler, »zwei, drei Bestätigungen und die Unterschrift fehlen noch. Herr Frank ziert sich ein wenig.«

»Das wird ihm nichts nützen, die Beweise sind erdrückend zum Quadrat. Wir können die Akte auch so zuschnüren und das Gesamtpaket dem Staatsanwalt übergeben. Soll sich der Doktor Doktor Landermann damit weiterplagen. Den Verdächtigen lassen Sie bis dahin in die nordöstliche Zelle bringen. Sie wissen schon, die, in der wir letzte Woche die große tote Ratte gefunden haben und wo der Wasserhahn unablässig tropft ...«

Das Läuten des Festnetzapparats am Arbeitsplatz des Kommissars unterbrach seine lebendige Schilderung, der er gern das flackernde Neonlicht und die seltsam riechende, braunkratzige Wolldecke hinzugefügt hätte.

»Der Herr Joe von der Spusi, na so etwas! Schneller als die Polizei erlaubt. Was gibt's zu ungewohnt später Stunde an einem Freitag? ... Oha, Geldscheine und Golddukaten in der Sockenlade des Verdächtigen? *Das* nenn' ich mal ein originelles Versteck. Demnach besteht kein Zweifel, wer die Thanner-Wohnung nach der Versiegelung illegal betreten und ausgeräumt hat. Könnt euch hiermit das Gutachten zur Waage sparen. So weisen wir ihm gleich mal Diebstahl in einer polizeilich gesicherten Zone nach – das reicht für eine Festnahme. Falls Sie noch kleine Fläschchen mit exotischem Gift finden, könnten Sie berühmt werden und wir den Deckel draufmachen. Haben Sie den Keller durchkämmt? ... Was? Bereits entdeckt? Im Abstellraum? Vom Professor eigenhändig beschriftet? Wer sagt's denn! ... Nein, bemühen Sie sich nicht, mir die Inhaltsstoffe vorzustottern. Doktor Weißenthal hat uns mittlerweile die Komponenten verraten: Phyllobates terribilis ist die lateinische Bezeichnung des Pfeilgiftfroschs, sein tödliches Sekret heißt Batrachotoxin und dazu diese stark giftige südamerikanische Pflanze Hippomane mancinella, die Hautverätzungen und Blasenbildung hervorruft. Sie können sich am Wochenende mit Nicole treffen, die Etiketten lesen üben und mir am Montag vortanzen. Jetzt alles fotografieren, sicherstellen und auf Fingerabdrücke beziehungsweise DNA untersuchen.«

Der Kommissar knallte den Hörer auf die Gabel und blickte seinen Mitarbeiter auffordernd an.

»Seiler, haben wir endlich ein volles Geständnis und ein Autogramm unter Ihrer Niederschrift? Oder will der Herr die Nacht bei uns in Zelle vier verbringen?«

»Unser Kandidat entscheidet sich soeben für Ersteres und beginnt wie ein Vögelchen bei ›Der Häfen sucht den Plauderstar‹ zu singen!«, rief Seiler vergnügt.

»Dass der nichts Heldenhaftes an sich hat, ist mir längst bewusst. Zivildienst statt Dienst mit der Waffe sowie ein Mord und ein Mordversuch, bei denen kein direkter Kontakt zum Opfer nötig war. Trotzdem Seiler, Respekt. Hatten Sie *schlagende* Argumente?«

»Ich musste ihm bloß ein Foto von Ihnen zeigen und erklären, das wäre sein künftiger Zellengenosse in unserem ausgesucht feudalen Quartier, vorausgesetzt er packt nicht sofort und umfassend aus.«

Der gewitzte Polizist grinste von einem Ohr zum anderen.

»Welcher Drehbuchautor hat Ihnen denn diesen Gag geschrieben?«

»Ach, ich bin von Natur aus originell. Und im Falle Herrn Franks: Die Erkenntnisse waren einfach zu belastend. Wir konnten außerdem Ihren Teil des Gesprächs am Telefon deutlich mithören.«

Der Überführte wurde von Sebastian über seine Rechte aufgeklärt und den wartenden Wachebeamten übergeben.

Diese wurden vom Abteilungsleiter instruiert: »Richten Sie dem Herrn Staatsanwalt wortwörtlich aus: Hauptkommissar Eckensperger schickt *uns zwei Spinatwachter* mit der Fallakte und dem Geständigen zum ›Fall Thomasianum‹. Und freuen Sie sich auf sein betretenes Gesicht.«

Ob Karl August Landermann senior nach dieser Botschaft ähnlich enthusiasmiert auf den Sessel hüpfen würde wie sein hyperaktiver Sprössling?

In der Tür begegneten sich der abgeführte Gottlieb und seine Lieblingstante, begleitet von Nicole, die das Prozedere rund um die Zeugenaussage im Vorraum bei Frau Hofstädter abgewickelt hatte. Wenn Blicke töten könnten, hätte der Neffe ein ebenso jähes Ende wie dessen Mordopfer gefunden.

»Glaub' ja nicht, dass ich dir einen Kuchen in den Bau bringe«, fuhr Pauline ihn an. »Weder mit noch ohne Feile, du Scheusal!«

Nicole steckte dem Kollegen, der die Aktenmappe trug, das Formblatt mit der Zeugenaussage, zu.

»Gescannt und dem elektronischen Akt hinzugefügt ist das Formular bereits dank der Unterstützung unserer tüchtigen Praktikantin.«

Danach wandte sie sich an die geknickte Haushälterin und gab ihr einen abschließenden Rat mit auf den Weg: »Vielleicht söhnen Sie sich mit Ihrer Schwester aus? Die kann jetzt Trost und Zuspruch brauchen. Und machen Sie das Beste aus Ihrem Erbe!«

In der Abteilung breitete sich Müdigkeit nach einer intensiven Woche und einem harten, erfolgreichen Arbeitstag aus.

Seiler gähnte herzhaft und grübelte: »Ist doch seltsam, da heißt es gemeinhin, Giftmorde werden zumeist von Frauen verübt!?«

»Es heißt bekanntermaßen auch ›Ausnahmen bestätigen die Regel‹. Aber ich kann dich trösten: Wärst du mein Ehemann, wie unser Chef vorgeschlagen hat, gäbe ich dir auf jeden Fall Gift in deinen Cappuccino!«, entgegnete Nicole schlagfertig.

»Wärst du meine Frau, würde ich ihn glatt trinken.«

»Gut gekontert, Sebi-Bub!«

Nicole war kein bisschen beleidigt.

»Jedenfalls haben wir dem Staat einmal mehr Überstunden erspart, indem wir den Fall derart zügig bis Freitag kurz vor 18:00 Uhr gelöst haben. Give me five«, freute sie sich.

»Heißt das ›Für mi fünf Bier‹?«, brummelte Eckensperger, »und den Schreibkram für meine zwei Mitarbeiter?«

»Sie haben lediglich einen Mitarbeiter. Und eine Mitarbeiter*in*!«, begehrte Nicole auf. »Und ein Bier haben wir uns alle verdient. Den Bericht können wir am Montag immer noch endfertigen, oder?«

Es klopfte an der Tür.

Auf das knappe »Herein!« des Hauptkommissars betrat die Praktikantin Hofstädter selbstbewusst den Raum.

»Herr Abteilungsleiter, bevor ich mich ins Wochenende verabschiede, hier drei Terminvorschläge für das überfällige Schießtraining. Alle in der nächsten Woche, einen werden Sie annehmen müssen. Unsere Finanzstelle erwartet eine schriftliche Erläuterung die angeschlagene Felge des Dienstwagens betreffend. Und Sie sollten die Nachrichten um Punkt hören. Wird Sie interessieren. Schönes Weekend allerseits, bis Montag!«

»Nanu?«, staunte Seiler. »Nicht zu leise, nicht zu laut angeklopft, klare Ansage an den Boss. Da mausert sich eine.«

»Ach was! Die hat mehr was von einer Brücke, eine Übergangslösung halt!«

Eckenspergers Laune war wegen des aufgezwungenen Schießtrainings im Keller. Missmutig befragte er seinen Kalender und grantelte dabei vor sich hin. Nicole hatte zwischenzeitlich das Radio aufgedreht.

»Chef! Breaking News! Der Innenminister hat soeben seinen Rücktritt bekannt gegeben! Der ist über den Fall Strohmayer gestolpert. Verdacht der Untreue, Bestechung, Unterschlagung … Soll ich den Akt noch rasch ins Archiv zurückbringen? Auf Ihrem Schreibtisch stapeln sich die Unterlagen schon wieder bedrohlich.«

»Machen Sie das, Fräulein Sedlacek.«

»Kein Fräulein, Chef …«

Song Collection

Der Kommissar – Falco, 1981
Und irgendwann bleib i dann dort – S.T.S, 1985
Sei imma höflich – Danzer und Prokopetz, 1991
Schickeria – Rainhard Fendrich, 1981
Komm großer schwarzer Vogel – Ludwig Hirsch, 1979
Ausgeliefert – Hansi Dujmic, 1986
Heast as net – Hubert von Goisern, 1992
Küss die Hand schöne Frau –
    Erste Allgemeine Verunsicherung (EAV), 1987
Flamenco Turistico – Stefanie Werger, 1989
Oft host a Pech – Seiler und Speer, 2020
Na guat daunn net – Joesi Prokopetz, 1985
Sisyphus – Alexander Goebel, 1985
Du verstehst mi ned – Wolfgang Ambros, 1984
Männer meiner Phantasie –
    Jazz Gitti & Her Disco Killers, 1990
Jö schau – Georg Danzer, 1975
I mecht landen – Maria Bill, 1983
Ich lebe – Christina Stürmer, 2005
Ois hod sei End – Ostbahn Kurti & die Chefpartie, 1985

Zu den Kapitelüberschriften

18 Titel deutschsprachiger Austropop-Songs aus viereinhalb Jahrzehnten gliedern den Kriminalroman in einzelne Kapitel.

Das knüpft an die literarischen Erstwerke der Autorin, deutsch- und englischsprachige, großteils veröffentlichte Songtexte, an.

Lieder müssen – in Lyrik gehalten – in wenigen Zeilen eine »Story« erzählen. Im Idealfall steckt im Titel die prägnante Kurzfassung des Inhalts. Dieses Verständnis wurde als Ausdrucksform für die Kapitelüberschriften übernommen.

Außerdem vermitteln die gewählten Songs Gefühle, Situationen und Stimmungen, die sich in der Erzählung spiegeln, oft genug verbunden mit einem gewissen Augenzwinkern. Und mit einem Lächeln, weil die Schreibweise der Titel – sogar auf den offiziellen Webseiten – immer wieder differiert.

Vielleicht ist das Ganze aber auch nur ein unvermuteter, liebenswürdiger Spleen? Warum auch nicht?

Latein für Hauptkommissare

»Was heißt eigentlich ›Contra vim mortis non est medicamen in hortis‹, Fräulein Sedlacek?«

»Wie Doktor Weißenthal bereits erklärte, bedeutet das ›Gegen den Tod ist kein Kraut gewachsen‹ Alles klar?«

»Fast! ›Amantes amentes‹ will ich noch wissen.«

»Liebende sind Verrückte.«

»*Das* ist klar! Und wie lässt sich ›Omne initium difficile est‹ übersetzen?«

»Mit ›Aller Anfang ist schwer‹. Gilt übrigens auch für Lateineinsteiger, Chef.«

»Danke, Fräulein Oberlehrer. Passt ›Faber est suae quisque fortunae‹ auch zu mir?«

»Maßgeschneidert wie Ihr Firmungsanzug, haha. Es heißt ›Jeder ist seines Glückes Schmied‹. Trifft übrigens auch auf ›Jede‹ zu.«

»Dann war da noch ›De mortuis nihil nisi bene‹. Wobei ›bene‹ mir von meinen Italienaufenthalten geläufig ist. ›Vino‹ und ›birra‹ verstehe ich ebenfalls.«

»Molto bene! Das Zitat meint, über Tote soll man nur Gutes sagen. Wortwörtlich könnte man ›Von den Toten nichts außer auf gute Weise‹ übersetzen.«

»Fehlt noch ›Media in vita in morte sumus‹. Dabei hat der Pater tief geseufzt.«

»Ist ja zum Seufzen, sowohl für ihn als Seelsorger wie für uns als Einsatzbeamte. ›Mitten im Leben sind wir vom Tod umfangen‹ wird uns nahezu täglich bewusst.«

»Letzte Frage: Was heißt ›Semper et ubique‹?«

»So viel wie ›Immer und überall‹. Das gilt im Besonderen für meine langjährige Forderung nihil Fräulein!«

Gewidmet allen,

mit denen ich in meinem langjährigen,
pädagogischen Berufsumfeld gut und gern
zusammengearbeitet habe.

Übrigens – den Jonny Schlager gibt es wirklich!
Mehr dazu unter www.jonnyschlager.at

Ruck Zuck Kochen

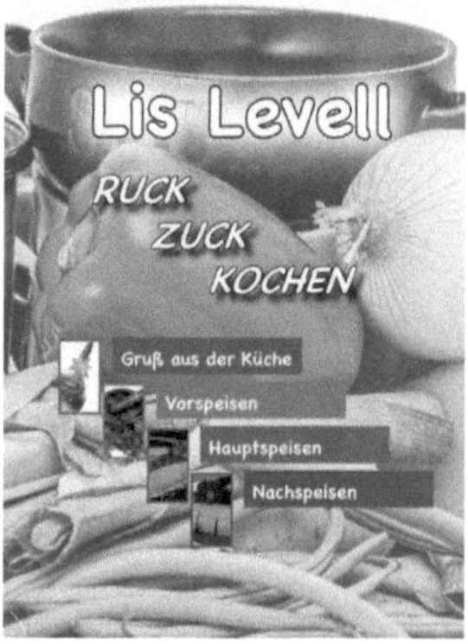

Ein Kochbuch für die schnelle Küche
(in praktischer Ringbindung)

Die Idee war, Gelungenes von Herd und Küche, das rasch und ohne großen Aufwand umzusetzen ist, festzuhalten und jenen zur Verfügung zu stellen, die Zeitersparnis und mühelose Umsetzung bei der Speisenzubereitung ebenfalls schätzen.
Denn Zeitmangel und fehlendes Equipment halten so manche Kochbegeisterte und Gesundheitsbewusste dann doch immer wieder vom Selbstzubereiten ab.
Dem soll mit dem vorliegenden »Ruck Zuck Kochen« entgegengewirkt werden.
Zahlreiche, einfache Rezepte – vom Gruß aus der Küche über Vor-, Haupt- und Nachspeisen bis hin zu Drinks und Konfekt – laden zur raschen Umsetzung ein. Als Inventar werden ein Herd, Backrohr, Backblech, Waage, Messgefäß, ein kleiner und ein großer Topf sowie eine Pfanne, Schneebesen und ein Back-Kochlöffel vorausgesetzt. Bei manchen Rezepten braucht's auch noch mehr. Das ist dann auf der jeweiligen Seite angeführt.
Abschließend folgen Erklärungen zu den Abkürzungen und Maßangaben.

ISBN Ringbuch: 978-3-903273-03-0, EURO 9,80
ISBN E-Book: 978-3-903273-04-7, EURO 5,99
Verlag: *edition 2t_Buch*

Mord auf Krankenkasse

Ein Lebens- und Kriminalroman

Was immer sich Sylvia Scherzer von ihrem wiederholten Aufenthalt im Thermenhotel »Breitner« erwartet hat: Mit dem Wiedersehen eines Jugendfreundes *und* einem Mord hat sie nicht gerechnet. Dass die Tage weder geruhsam noch entspannt verlaufen, ist ihrer Vorliebe für Kriminalgeschichten, einer unternehmungslustigen Kurfreundin und Sylvias innerem Antrieb, das dunkle Fragezeichen in ihrem Leben zu lösen, geschuldet.
Der Krimi vereint Unterhaltung, Spannung, Humor und überraschende Wendungen am Schauplatz eines Kur- und Wellnesshotels. Neben flotten Dialogen und geschliffenen Kommentaren besticht die Erzählung durch abwechslungsreiche Charaktere wie schrullige Kurgäste, einen bemühten Hoteldirektor, eine redefreudige Kosmetikerin, einen grobklotzig-genderunwilligen Kommissar mit resoluter Gehilfin sowie drei liebenswerte Hauptfiguren mit all ihren Eigenarten, Brüchen und Sehnsüchten.
So entsteht beim Lesen nicht nur das Vergnügen, den Mörder entlarven zu wollen, sondern auch sich selbst in manchen geschilderten Wesenszügen zu entdecken.

ISBN Taschenbuch: 978-3-903273-05-4, EURO 11,80
ISBN E-Book: 978-3-903273-06-1, EURO 6,49
Verlag: *edition 2t_Buch*

Erste Reihe Achterbahn

Ein humorvoller Lebens- und Liebesroman

Wer hat nicht schon einmal vergessen, seinen Weckruf im Handy zu aktivieren, eine flapsige Bemerkung zu viel gemacht, mit einer übervollen Scheibtruhe gekämpft oder einen lang vermissten Socken in einem Tuchentüberzug wiedergefunden?
So gesehen steckt in jeder und jedem von uns ein Stück »Sassi«, über deren überraschende Hoppalas man herzlich lachen kann.
Sassi setzt aber noch eins drauf: Denn, einen Slip beim romantischen Date verführerisch im Kamin unterzuheizen, sich beim Turteln auf dem Badesteg einen lusthemmenden, zentimeterlangen Span einzuziehen oder ihre Socken mit Selbstverständlichkeit zum Aufwischen des verschütteten Kräutertees umzufunktionieren, bleibt dann doch wohl der sympathischen Heldin vorbehalten.
Mit ihrem unverwüstlichen Optimismus, jeder Menge Urvertrauen und unerschütterlicher Zuversicht zeigt sie uns zudem einen Weg, den Fallstricken des Lebens gekonnt zu begegnen und jeden Tag als neue, wunderbare Chance zu sehen.

ISBN Taschenbuch: 978-3-903273-01-6, EURO 11,80
ISBN E-Book: 978-3-903273-02-3, EURO 6,49
Verlag: *edition 2t_Buch*

vitamin•reich & trink•fest

Ein Lebens- und Liebesroman

Gegensätze ziehen sich an? Manchmal nerven sie einfach nur! Wenn beispielsweise die Überzeugungen einer gesundheitsbewussten Inhaberin eines Vollwertladens auf jene eines leichtlebigen Bierlokalbetreibers treffen, bringt das jede Menge Missverständnisse, Vorurteile, Zwistigkeiten, aber auch Selbsterkenntnisse, Sehnsüchte und das Wissen um die eigene Unvollkommenheit mit sich.
Denn eigentlich wäre das Dasein der ehemaligen Deutsch- und Biologieprofessorin Christl, die sich mit ihrem Bioladen neu verwirklicht, „vollwertig". Bis zu jenem Zeitpunkt, als sich Lärm und Ungemach in Person von Richie gegenüber ansiedeln. Was folgt, ist ein kurzweiliger Schlagabtausch zweier kontroversieller Lebensentwürfe mit der Erkenntnis, dass am anderen am meisten stört, was zum eigenen, vollkommenen Glück fehlt.
Es ist nur ein Katzensprung von einer Straßenseite auf die andere, vom vitamin·reich zum trink·fest. Vom ICH zum WIR aber ist es eine aufreibende Reise mit Irrwegen, bei der auch der Humor nicht zu kurz kommt.

ISBN Taschenbuch: 978-3-903273-07-8, EURO 13,80
ISBN E-Book: 978-3-903273-08-5, EURO 7,70
Verlag: *edition 2t_Buch*